《正五行擇日精義初階》

繼大師

自序 3
（一）正五行擇日法之源流 5
（二）正五行擇日法之原理 9
（三）西曆與中國民曆之分別 11
（四）廿四節氣之原理 18
（五）盲年與雙春兼閏月之原理 22
（六）三伏日之原理 24
（七）年、月之干支排法 27
（八）日、時之干支排法 31
（九）年、月、日、時之干支排列例子 36
（十）祭主生辰胎元之起法及原理 39
（十一）以八字求命宮之法——掌訣推命宮法 43
（十二）天干地支之陰陽五行、生尅、化合、會沖 51
（十三）日課中之十神生尅原理與其吉凶 63
（十四）干支的五行四時旺相休囚死的原理 69
（十五）三合局及十二長生之生旺墓暨真天馬之求法 72

（十六）天祿之原理——真祿之求法 77
（十七）貴人之原理——真貴人之求法 82
（十八）天羅地網辰戌位貴人不臨之原理 90
（十九）文昌及文曲排法及真文昌、真文曲求法 95
（廿）三德齊臨月之原理及取法 101
（廿一）吉神、凶神的分類 106
（廿二）梟神、劫財、陽刃及七煞等凶神之原理 108
（廿三）日課四柱中之空亡 119
（廿四）廿四山組成之原理 122
（廿五）三煞方所形成之原理 125
（廿六）廿四山之雙山五行類別及用法 131
（廿七）戊己都天煞方之原理及排法 137
（廿八）日課天干「合、剋、生」斷法 140
（廿九）日課地支「化合、三合、三會、生、剋、沖」斷法 149
（卅）日課天干地支綜合斷法 169
（卅一）日課用法例子——結婚、修造日課 175
後記 181

自序

繼大師

自從《正五行擇日精義》在庚辰年（二零零零年）由丹青出版社出版以來，得到各方面讀者的支持，大部份說「寫得不錯」，甚至有一些同門大師兄亦給上少許意見，並且說會採用此書作為擇日用事之參考書本，而坊間更有「正五行擇日班」之教授；筆者在此深感榮幸，並向各讀者致上最深敬意。

筆者回顧《正五行擇日精義》一書，發覺內容雖然精簡易明，但只是給內行人或有八字根底的人學習，至於完全未接觸過五行干支的人來說，看還是看，但看不懂的地方仍然很多。雖有行家略有微言，認為會侵犯他們的「財路」，但筆者認為，此書只是正五行擇日法之基本功夫，若未得明師傳授，擇日仍會有出錯的機會。

由於《正五行擇日精義》一書很濃縮，有一部份仍然未解釋清楚，故有重寫的必要。於是，筆者把「正五行擇日法」再重新演繹。由於內容眾多，故此有初階及中階二冊分開其內容。

這《正五行擇日精義初階》一書，是把擇日要經常用到的干支五行關係清楚細說，如日課之排法、胎元、命宮、吉凶神煞、方位等，而筆者在干支之五行生剋化合上，其分析比較詳盡，加上最後一章之「日課用法例子」作使用藍本，以「結婚」及「修造、入伙」為例而作一段落，而日課之格局，會在「中階」一書內詳論。

筆者在此一再申明，與人擇日用事，是給人家賜福，若單靠擇日功夫用事是有所欠缺的，替人擇日者，須本身具備福德力及修持力，否則在替別人承擔業力時，不單只自己受害，亦會連累家人，故此宜勤唸經咒，多做善功，以增加自己福份。切記！切記！

寫一偈曰：

擇日求福緣

日家須具德

謀財福未賜

披毛戴角還

（一）正五行擇日法之源流

繼大師

根據《選擇求真》卷一之吳景鸞陰陽天機書表（玄學出版社印行，明遠、胡暉先生著，內第十四頁）記載，在唐高宗永徽年間，有河東（今山西省）聞喜縣（註一）丘延翰地師，因得異人傳授風水學問，且給人造葬出天子之風水大地，在唐玄宗開元年間（公元七一三年至七四一年），被朝廷發現，於是便下旨搜捕他，又發出皇榜說出其罪，及召丘延翰上朝見玄宗皇帝。當唐玄宗瞭解其陰陽五行學說後，覺得他的道理精確可信，似有所悟。

未幾丘延翰入宮見唐玄宗，將《陰陽天機書》及自己所撰寫之《理氣心印》三卷進呈玄宗，並全部給予傳授，又以金玉造之盒來盛裝，擺放在內庫中，作為國寶。為防有明白五術之人伺機偷閱，於是將一行禪師所撰之偽經與《陰陽天機書》一同擺放，以亂其真，直至唐僖宗年間，黃巢作亂（公元八八零年），攻入長安，京城失守，軍隊中有楊筠松及曾文辿等人，伺機偷取瓊林寶庫內有用篆文寫上之《國內天機書》，他倆得天機書後即逃到江右，後傳於世；至宋太祖在位，將五術地理各書重新整理，命吳景鸞國師負責整理校對，賜名《地理新書》，且頒行於世，書中有六項之五行論述如下：

（一）正五行取遁龍運
（二）洪範五行取遁山運
（三）八卦五行取遁向局

（四）玄空五行取遁水運

（五）雙山五行取論三合

（六）渾天五行取合卦例

自始之後，正五行之擇日配山及配生人人命之法，便在民間流行起來。正五行擇日法，一般可用於：

擇日結婚、擇日修造陽居及墳穴、擇日入伙、擇日安葬、擇日出門旅行或公幹、擇日公司開幕、擇日破土動工、擇日陽居完工平頂或陰宅祖墳之完山、擇日祈福拜神祭祖、擇日安放神位、擇日安放骨灰龕等。

此正五行擇日法並不適用於擇日剖腹生子，因生人之時辰八字法，雖與正五行擇日法所用之干支相同，但其計算法及理念則屬兩樣東西，並不相同，此點要特別留意也。

正五行擇日法最適用於安葬先人骨殖，死人下葬，取時辰以再造其時運，所以又稱為：

「正五行擇日造命法」

在《選擇求真》卷一「選擇論」（玄學社印行，內第十一頁）有云：

「何為造命。夫人生有命。死安有命耶。蓋言人死歸土。選合佳期。猶亡人再生之命也。又曰。生人之命，受稟於天。不能自我而造。造葬之命可自我造。故曰造命。」

這即是死者下葬，等同生人之出生，生人出生由天定，但死人下葬之時日可自己選擇，故稱「造命法」，全名可稱為：

「正五行擇日造命法」

其來源古遠，又因楊筠松地師所著之《造命法》而大大提倡，所以正五行擇日法以楊筠松地師所論為正宗之源流，四柱八字之子評法並不適用於擇日法上，這是筆者繼大師在傳承上所認同的，讀者們宜切留意。

寫一偈曰：

擇日造命法　五行不可惑
源流久長遠　得訣自通達

註一：河東聞喜縣在今山西省以南（見甲圖），黃河流經山西省境，自北而南，故稱在山西省境內黃河以東的地區為河東，聞喜縣屬山西省，春秋時屬晉之曲沃地，秦改為左邑，漢武帝經此，聞破南粵之地，因而置聞喜縣，屬河東郡，隋改為桐鄉縣，唐復名聞喜，歷代相仍，除丘延翰地師外，晉、郭璞尚書郎亦是聞喜縣人也。

內蒙古自治區

北

甲圖

黃河

太原市

河北省

陝西省

山西省

黃河

繼大師圖

癸未年孟冬

曲沃

聞喜

河南省

黃河

（二）正五行擇日法之原理

繼大師

正五行擇日法之原理，是把農曆或西曆之日期時間，用查表方法或用計算的方法，將日期時間轉換成日課四柱（年柱、月柱、日柱、時柱），每柱之第一字為十個天干之一，即是：

甲、乙、丙、丁、戊、己、庚、辛、壬、癸。

每柱之第二個字為十二地支之一，即是：

子、丑、寅、卯、辰、巳、午、未、申、酉、戌、亥。

以十天干配以十二地支，依次序排列，得出有六十組不同之干支，稱之為六十甲子，由於循環不息地運行，配以年份及所屬時運，故又稱「周天六十甲子」。

茲列表如下：

表一：六十花甲表

甲子	甲戌	甲申	甲午	甲辰	甲寅
乙丑	乙亥	乙酉	乙未	乙巳	乙卯
丙寅	丙子	丙戌	丙申	丙午	丙辰
丁卯	丁丑	丁亥	丁酉	丁未	丁巳
戊辰	戊寅	戊子	戊戌	戊申	戊午
己巳	己卯	己丑	己亥	己酉	己未
庚午	庚辰	庚寅	庚子	庚戌	庚申
辛未	辛巳	辛卯	辛丑	辛亥	辛酉
壬申	壬午	壬辰	壬寅	壬子	壬戌
癸酉	癸未	癸巳	癸卯	癸丑	癸亥

當日課由日期時間轉換成日課四柱之後，以四柱之干支，配合生人所屬年份之干支，便是正五行擇日法之用法原理，這用事之原則是：

「以日課四柱八個干支之所屬五行，去生旺當事人之出生年份干支，以五行中之生、旺為吉，以尅、洩為凶，以用事人之生年為主，以日課干支去生旺當事人為目的，以時間之五行，去生旺生人年命之五行，祈望得到時空之五行助力，使用事之人事順利也。」

（三）西曆與中國民曆之分別

繼大師

西曆又稱公曆，名格列高里曆（Gregorian Calendar），其前身是儒略曆（Julian Calendar）。古人以地球自轉一週為一日，以地球環繞太陽一週為一年，又以一日有廿四小時，每小時有六十分鐘，每分鐘有六十秒。古人發現一年的長度是三百六十五天多一些，一月的長度是廿九天半，前者是回歸年，後者是朔望月。根據「紫金山天文臺」研究員劉寶琳先生所編的《袖珍干支月曆》所說，精確的時間是：

一回歸年等於三百六十五日五小時四十八分四十六秒。

一朔望月平均等於廿九日十二小時四十四分零三秒。

西曆的編法，是在四年之中，有三年是每年各有三百六十五日，有一年是有三百六十六日，稱為閏年，是為四年一閏。在每年之一、三、五、七、八、十、十二月這七個月是大月，各有卅一日；四、六、九、十一這四個月是小月，各有卅日；

在二月裡之平年有廿八日，在閏年之二月有廿九日，而在公元之年數能被四數所除盡的是閏年，如公元四年、八年、十二年、……二零零八、二零一二、二零一六、二零二零年等是閏年。每四百年當中就有九十七個閏年和三百零三個平年，所以西曆每年平均長三百六十五點二四二五日，和回歸年很接近。

農曆是中國民間傳統的曆法，人們稱之為「陰曆」。其實農曆並不是全屬於陰曆，而是屬於「陰陽曆」。農曆以朔望月為基礎，月球繞地球一週之平均長度是廿九日十二小時四十四分零三秒，大月有卅日，小月有廿九日，以朔月為每月之初一，以望月為十五。農曆的十二個月份有三百五十三日、三百五十四日或三百五十五日，比起地球環繞太陽之精確時間少了十日或十一日，所以大概每年要加上一個閏月，在十九個回歸年中，有六九三九點六零日，二三五個朔望月中，有六九三九點六九日，兩者十分接近。

農曆十九年中就有七個閏月，每個閏月的安排，是根據春、夏、秋、冬全年四季中的廿四個節氣而定。如果在正常月份中，沒有出現「中氣」的月份便是閏月，例如：在西曆二零零九年（己丑年）六月廿三日——七月廿二日，是農曆閏五月，通常在西曆六月廿一日是夏至，七月廿三日是大暑，七月七日是小暑，在這西曆六月廿一至七月廿三日期間，就只有在七月七日出現小暑，小暑屬農曆六月之節氣，而這段期間沒有出現中氣（廿四節氣將在後數章闡述），所以在這段期間便配上閏五月。

曆法上以回歸年為主要依據的曆法是陽曆，以朔望月為主要依據的曆法是陰曆。以朔望月為主要依據，並且兼顧到回歸年的曆法是陰陽曆，因此西曆與農曆的分別是：

西曆——以回歸年作主要依據的曆法

農曆——以朔望月及回歸年作主要依據的曆法

西曆與農曆除了以上分別之外，兩者亦有更短日數之紀日單位，兩者之分別是：

西曆——以七日為週期的循環紀日法，即一星期有七天，由星期日到星期六；陰曆中，一個朔望月約有廿九點五日，其中有一天是不見到月亮的，其餘廿八日中分出四個階段的見相，即是：

一：從新月到上弦，農曆之初一至初七或八日。

二：望月——從上弦到滿月，初八或初九至十五滿月。

三：從滿月到下弦，十五至廿二或廿三。

四：從下弦到看不見月亮，廿三或廿四至廿九或三十。

中國在周朝初期，把一個朔望月分成四個階段，是「初吉」，「既生霸」，「既望」，「既死霸」，總稱為「生死霸」，但這已失傳。

「星期制」在明朝末期經基督教由西方傳入中國，它是源自巴比倫古國和猶太國一帶，經埃及、羅巴，及至歐洲各國。當「星期制」傳入中國後，初以七曜來命名，即太陽、月亮、金星、木星、水星、火星、土星，直至清朝末期才逐漸以星期日、星期一至六代替，而日本則以「日、月、金、木、水、火、土」等名稱，沿用至今。

農曆——以十天干配以十二地支得出六十甲子，以甲天干至癸天干為一組，稱為「旬」，分以六旬，一旬有十天，即是：

甲子旬：甲子——癸酉　　甲戌旬：甲戌——癸未

甲申旬：甲申——癸巳　　甲午旬：甲午——癸卯

甲辰旬：甲辰——癸丑　　甲寅旬：甲寅——癸亥

中國曆法以干支為主要骨幹，配在年、月、日、時，以作記錄。從殷代到清代，所有的曆法都通用干支紀法，無有間斷。直至民國開始，才漸漸使用現時之中西曆，但現在普遍已沒有使用干支紀法，只用西曆，加上農曆初一至廿九或三十等。而干支紀法在正五行擇日法中，被視為時間中之五行代表，以年、月、日、時等四組干支而擇日用事，此法亦是筆者繼大師師承於呂克明先師之擇日法。

農曆中之干支紀法雖然並不普遍流行，但中國人傳統之通書（俗稱通勝）則每年均有出版，這樣干支紀法便能一直流傳下來，並沒有腰斬，中國五術中的「山、醫、命、卜、相」均採用干支紀法作為推算吉凶的數據資料。而干支紀法除時間的代號外，亦用於一個圓週之各方位上，即羅盤中之廿四格方位，稱為「廿四山」，這樣各方各位也有干支五行之屬性。人之出生，以生年之干支為五行之屬性，擇日以干支紀法之五行作屬性，三者互相配合，就是「正五行擇日法」之根本立論依據。

寫一偈曰：

六十花甲
干支五行
中西曆法
陰陽異同

圖一：地球環繞太陽路綫與廿四節氣

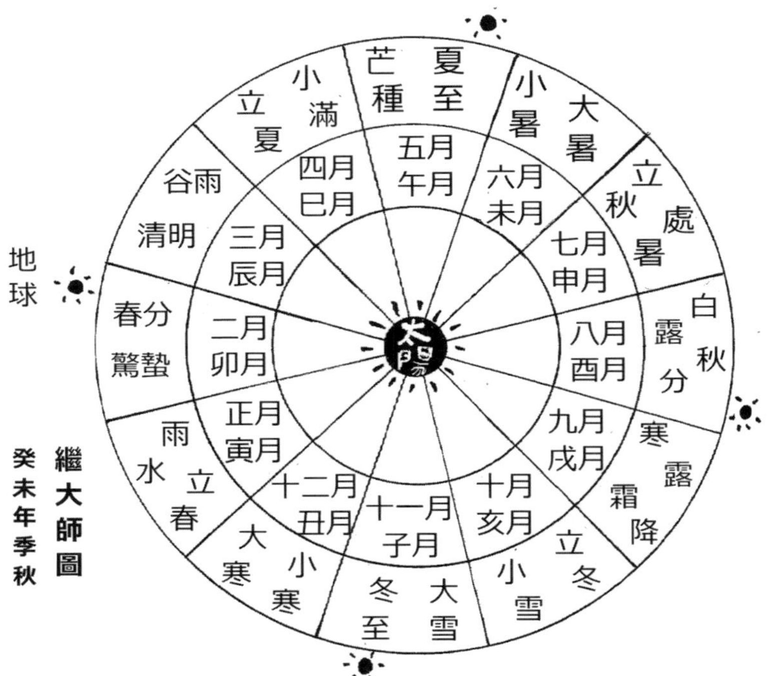

圖二：月相圖

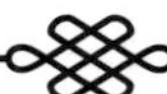

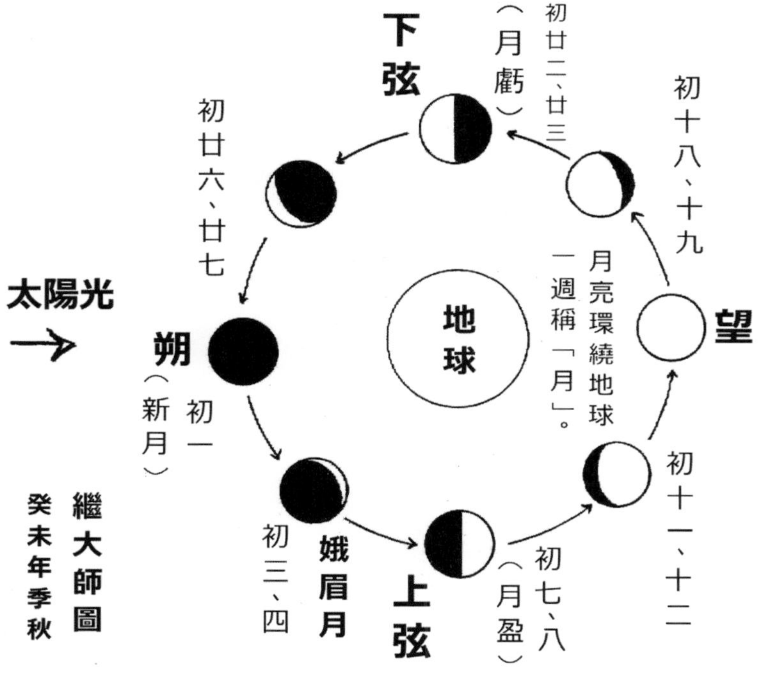
太陽光
朔
（新月）
初一
娥眉月
初三、四
上弦
初七、八
（月盈）
初十一、十二
望
初十四至初十七
（滿月）
初十八、十九
初廿二、廿三
（月虧）
下弦
初廿六、廿七
地球
月亮環繞地球一週稱「月」。
繼大師圖
癸未年季秋

（四）廿四節氣之原理

繼大師

廿四節氣之排法，是中國農曆所獨有的，在秦漢以前就已採用，不但全中國使用，還傳至朝鮮、日本、越南等地。

地球環繞太陽一週為一回歸年，一年之中在地球之北半球受日光最短之晝日便是冬至，受日光之最長晝日便是夏至，通常夏至在每年西曆之六月廿一或廿二不等，冬至則在西曆之十二月廿一或廿二不等。自冬至算起，地球繞太陽每運行十五度就有一個節氣，「節」是十二個，正五行擇日法以每個「節」去定出月份之所屬干支，而「氣」亦是十二個，以「氣」作為每個十二個月最中間之日。

換句話説，每個農曆月份有一個「節」及一個「氣」，每年共有廿四個「節氣」。

茲列表如下：

表二：廿四節氣表

立春	正月節氣	寅月	雨水	正月中氣
驚蟄	二月節氣	卯月	春分	二月中氣
清明	三月節氣	辰月	穀雨	三月中氣
立夏	四月節氣	巳月	小滿	四月中氣
芒種	五月節氣	午月	夏至	五月中氣
小暑	六月節氣	未月	大暑	六月中氣
立秋	七月節氣	申月	處暑	七月中氣
白露	八月節氣	酉月	秋分	八月中氣
寒露	九月節氣	戌月	霜降	九月中氣
立冬	十月節氣	亥月	小雪	十月中氣
大雪	十一月節氣	子月	冬至	十一月中氣
小寒	十二月節氣	丑月	大寒	十二月中氣
繼大師表		癸未年季秋		

中國一直以農立國，而北方地區四季分明，農曆之廿四節氣對於農民的耕種事業顯得非常重要，它是有一定之意義，茲列如下：

立春——春而開始，萬物生長
雨水——雨開始下降
驚蟄——行雷聲把正在冬眠的動物給驚醒而開始活動
春分——春季正中間之時，晝夜均等
清明——天氣開始溫暖，天朗氣清
穀雨——雨水降量增加，有利於穀物之生長
立夏——夏季由這日開始
小滿——農作物之籽開始漸熟
芒種——有芒作物等麥類成熟
夏至——是北半球全年中晝日最長而夜間最短的一天，且炎夏快到來
小暑——天氣開始炎熱
大暑——全年中最炎熱的時候到來
立秋——秋季開始
處暑——炎熱的夏天結束
白露——天氣溫度逐漸降低，夜間有露水出現
秋分——秋季的中間時段，晝夜均等
寒露——天氣溫度更低，露水很涼

立冬——冬季開始

小雪——開始落下小雪

大雪——下很大的雪

冬至——是北半球全年中晝日最短而夜間最長的一天，且嚴冬即將來臨

小寒——天氣開始沒有那麼寒冷，但還有少許冷

大寒——天氣又比較寒冷一些

在正五行擇日法中，以「節」去定月令，以「立春」定每一年的開始，然後查萬年曆內的日干支，再推出時干支，便成了四柱日課干支了，這將在下數章詳談。

（五）盲年與雙春兼閏月之原理

繼大師

中國農曆，以每年之「立春」日作為每新一年的開始，亦是「正五行擇日法」所使用的；但是，民間是以正月初一作為一年的開始，即以近「立春」之朔望月為依據，正五行擇日法因為使用干支紀法，故此以節氣為依據，而節氣是以地球繞太陽一週而定出的，這樣每一年所出現的「立春」節氣與每年正月初一多不出現在同一日，若然在一年中，由農曆正月至十二月內，均沒有出現立春日，則這年就稱為「盲年」，例如：

在二零一三年癸巳年內，並沒有出現立春日，立春日出現於二零一二年壬辰年農曆十二月廿四日，再出現於二零一四年甲午年正月初五日，故此二零一三年農曆癸巳年是盲年。

至於「雙春兼閏月」，則是在該年中，其年頭及年尾均出現有立春日，例如：

在二零一二年壬辰年農曆正月十三日及十二月廿四日是立春日，農曆壬辰年出現兩次立春節氣，故這年是雙春之年。

在壬辰年之農曆四月三十日是「小滿」中氣，即西曆之五月廿日，而西曆之六月廿一日是「夏至」，西曆中之五月廿一日至六月十八日內，只有「芒種」節出現於西曆之六月五日，其間並沒有「中氣」，故此西曆之五月廿一日至六月十八日是閏月，此期間出現於農曆四月之後，故此便為「閏四月」也，詳情請參閱萬年曆。

這樣二零一二年農曆壬辰年便是「雙春兼閏月」之年。

由於「雙春兼閏月」之年並不是每年都出現，而民間普遍認為是難得之好時年，故此，在民間頗受歡迎，一般結婚之人都樂意取用，但在「正五行擇日法」中，並不以此為首選之理由，仍然以年、月、日、時，各干支中之五行屬性而作吉凶之標準。不過，為了一般百姓的需求，相就亦無妨。

寫一偈曰：

盲年雙春
民間有別
造命擇日
五行得從

（六）三伏日之原理

繼大師

「三伏」的意思是「隱伏起來避暑」，「三」是有三日的時間，據説是兩千多年前之秦德公最先提出來。「三伏」日是一年裡最熱的時期，它的日期是按照中國古代的「干支紀日」所確定的。「三伏」日即：初伏、中伏及末伏，它找尋的方法如下：

初伏日──每年夏至日（約西曆六月廿一至廿三日）起第三個「庚」天干日。
中伏日──每年夏至日起第四個「庚」天干日。
末伏日──每年立秋日起第一個「庚」天干日。

「庚」干日有：庚子、庚寅、庚辰、庚午、庚申、庚戌等六日

由於天干有十個，所以初伏日與中伏日是相隔十天，由於干支的排列是以六十甲子而排出日之干支，六個六十甲子便有三百六十天，一回歸年有三百六十五日五小時四十八分四十六秒，所以，每年的三伏日，並不是年年相同，但相若不遠，每年相差不到十天，例如：

公元二零一六年丙申年，夏至是西曆六月廿一日甲戌日，之後的第三個「庚」日是七月十七日庚子初伏日，第四個「庚」日是七月廿七日庚戌中伏日，八月七日是立秋日，之後第一個「庚」是八月十六日庚午末伏日。

現列出由二零一六至二零二九年內的「三伏日」表如下：

表三：二零一六至二零二九年內的「三伏日」表

末伏		立秋		中伏		初伏		夏至		年份
干支	月日	干支	月日	干支	月日	干支	月日	干支	月日	
庚午	8 16	辛酉	8 7	庚戌	7 27	庚子	7 17	甲戌	6 21	2016
庚午	8 11	丙寅	8 7	庚戌	7 22	庚子	7 12	己卯	6 21	2017
庚辰	8 16	辛未	8 7	庚申	7 27	庚戌	7 17	甲申	6 21	2018
庚辰	8 11	丁丑	8 8	庚申	7 22	庚戌	7 12	己丑	6 21	2019
庚寅	8 15	壬午	8 7	庚午	7 26	庚申	7 16	乙未	6 21	2020
庚寅	8 10	丁亥	8 7	庚午	7 21	庚申	7 11	庚子	6 21	2021
庚子	8 15	壬辰	8 7	庚辰	7 26	庚午	7 16	乙巳	6 21	2022
庚子	8 10	戊戌	8 8	庚辰	7 21	庚午	7 11	庚戌	6 21	2023
庚戌	8 14	癸卯	8 7	庚寅	8 25	庚辰	7 15	丙辰	6 21	2024
庚戌	8 9	戊申	8 7	庚子	7 30	庚寅	7 20	辛酉	6 21	2025
庚申	8 14	癸丑	8 7	庚子	7 25	庚寅	7 15	丙寅	6 21	2026
庚申	8 9	己未	8 8	庚戌	7 30	庚子	7 20	辛未	6 21	2027
庚午	8 13	甲子	8 7	庚戌	7 24	庚子	7 14	丁丑	6 21	2028
庚午	8 8	己巳	8 7	庚申	7 29	庚戌	7 19	壬午	6 21	2029

繼大師表　　癸未年季秋

「三伏日」只是中國農曆法中所列出每年較為炎熱的日子，至於在正五行擇日方面，則以干支之五行為重，若剛好擇於三伏日用事，這要視乎用於何事，若在室外地方用事，如安葬、動土、修造房子外牆等，則要小心中暑，要預防天氣過於炎熱，免意外發生也。

在干支之五行方面，每年之「夏至」，是農曆六月之中氣，五行屬火，初伏日及中伏日是出現在夏至之後，而庚日干之五行屬金，火是尅金的，月令是午火月，月午支尅庚金日干，所以不吉，而末伏日雖已是「申月」之月令，但秋季還未完全來臨，有「爭秋奪暑」之現象，仍防過熱天氣，「五行相尅」與「過熱天氣」均要留意。

寫一偈曰：

日元三伏

炎熱暑氣

火金相尅

用事避忌

（七）年、月之干支排法

繼大師

我們將西曆的年份，從萬年曆中查得其干支，在選擇萬年曆方面，一定要有天干地支、農曆及西曆，有星期之顯示最好，沒有也無妨。

首先，每年之分界，在「正五行擇日法」上，是以「立春」之日為界，例如二零零六年丙戌年，立春日在西曆二月四日，在七時廿七分交節，這天是農曆的正月初七甲子日；二零零七年丁亥年之立春日在西曆二月四日，在十三時十八分交節，屬農曆十二月十七日己巳日，這兩個立春日之期間，便屬丙戌年內，故此：

（一）農曆丙戌年正月初一至初六屬於二零零五年乙酉年內之日期。

（二）農曆丙戌年十二月十七日十三時十八分交至立春後，至十二月三十日是屬於二零零七年丁亥年內之日期。

至於月之干支，首先決定所擇之日子是屬何月，以「節」為依據，以「氣」為該月之中氣，茲列表如下：

表四：每月交節表

正月建寅 立春節 雨水氣	二月建卯 驚蟄節 春分氣	三月建辰 清明節 穀雨氣	四月建巳 立夏節 小滿氣
五月建午 芒種節 夏至氣	六月建未 小暑節 大暑氣	七月建申 立秋節 處暑氣	八月建酉 白露節 秋分氣
九月建戌 寒露節 霜降氣	十月建亥 立冬節 小雪氣	十一月建子 大雪節 冬至氣	十二月建丑 小寒節 大寒氣

例如日課擇於陽曆二零零八年二月六日，查萬年曆戊子年二零零八年之立春日在陽曆二月四日十九時零一分，即屬：

戊子年正月，正月屬寅月。

當我們查知年之干支，又得知所擇日課屬何月後，月之天干，亦可在萬年曆中查知，而另外，亦可以用查表方法，將月之干支找出。有一「年上起月法」如下：

甲己之年丙作首　乙庚之歲戊為頭
丙辛寅月從庚起　丁壬壬位順行流
更有戊癸何方發　甲寅之上好追求

其意思是：

甲、己天干之年——起丙寅正月至丁丑十二月

乙、庚天干之年——起戊寅正月至己丑十二月

丙、辛天干之年——起庚寅正月至辛丑十二月

丁、壬天干之年——起壬寅正月至癸丑十二月

戊、癸天干之年——起甲寅正月至乙丑十二月

故此，戊子年之寅月，其天干起「甲」，即：

戊子　年

甲寅　月

茲列出年上起月表如下：

年干／月干支／月支	甲己	乙庚	丙辛	丁壬	戊癸
寅 正月	丙寅	戊寅	庚寅	壬寅	甲寅
卯 二月	丁卯	己卯	辛卯	癸卯	乙卯
辰 三月	戊辰	庚辰	壬辰	甲辰	丙辰
巳 四月	己巳	辛巳	癸巳	乙巳	丁巳
午 五月	庚午	壬午	甲午	丙午	戊午
未 六月	辛未	癸未	乙未	丁未	己未
申 七月	壬申	甲申	丙申	戊申	庚申
酉 八月	癸酉	乙酉	丁酉	己酉	辛酉
戌 九月	甲戌	丙戌	戊戌	庚戌	壬戌
亥 十月	乙亥	丁亥	己亥	辛亥	癸亥
子 十一月	丙子	戊子	庚子	壬子	甲子
丑 十二月	丁丑	己丑	辛丑	癸丑	乙丑

繼大師表　癸未年季秋

（八）日、時之干支排法

繼大師

根據中國傳統民曆，每日均有所屬干支，不論在通勝或在萬年曆內均有每日干支之載錄，我們可從萬年曆內查得每日所屬之干支。接上一章之日課為，西曆二零零八年二月六日，查萬年曆戊子年二零零八年之立春日在西曆二月四日十九時零一分，日干支為「丙子」日，即是：

戊子　年
甲寅　月
丙子　日

至於每日之十二個時辰，以一個時辰為兩小時，每日由晚上十二時正為日與日之間的分界綫，由零時零分至凌晨一時為早子時，是一日開始之子時，有一小時長，丑時是一至三時，寅時三至五時，卯時五至七時，辰時七至九時，巳時九至十一時，午時十一至十三時，未時十三至十五時，申時十五至十七時，酉時十七至十九時，戌時十九至廿一時，亥時廿一時至廿三時，當廿三時至廿四時，便是夜子時，夜子時與早子時合共兩小時，換句話說，凌晨零時至一時之早子時，與廿三時至廿四時之夜子時，同屬該日柱干支中之子時，但天干不同而矣。

茲列出十二時辰表如下：

表六：時辰表

上午	0點-1點	早子時
	1點-3點	丑　時
	3點-5點	寅　時
	5點-7點	卯　時
	7點-9點	辰　時
	9點-11點	巳　時
下午	11點-1點	午　時
	1點-3點	未　時
	3點-5點	申　時
	5點-7點	酉　時
	7點-9點	戌　時
	9點-11點	亥　時
	11點-12點	夜子時

以日干支起出時辰之干支，有古法口訣如下：

甲己還加甲　乙庚丙作初
丙辛從戊起　丁壬庚子居
戊癸壬為首　餘辰順序推

這口訣的意思是：

甲、己天干之日——起甲子早子時、乙丑、丙寅、丁卯、戊辰、己巳、庚午、辛未、壬申、癸酉、甲戌、乙亥、丙子夜子時。

乙、庚天干之日——起丙子早子時、丁丑、戊寅、己卯、庚辰、辛巳、壬午、癸未、甲申、乙酉、丙戌、丁亥、戊子夜子時。

丙、辛而干之日——起戊子早子時、己丑、庚寅、辛卯、壬辰、癸巳、甲午、乙未、丙申、丁酉、戊戌、己亥、庚子夜子時。

丁、壬天干之日——起庚子早子時、辛丑、壬寅、癸卯、甲辰、乙巳、丙午、丁未、戊申、己酉、庚戌、辛亥、壬子夜子時。

戊、癸天干之日——起壬子早子時、癸丑、甲寅、乙卯、丙辰、丁巳、戊午、己未、庚申、辛酉、壬戌、癸亥、甲子夜子時。

茲列出「日上起時辰表」如下：

表七：日上起時表

日干	甲己	乙庚	丙辛	丁壬	戊癸
子（早子時）	甲子	丙子	戊子	庚子	壬子
丑	乙丑	丁丑	己丑	辛丑	癸丑
寅	丙寅	戊寅	庚寅	壬寅	甲寅
卯	丁卯	己卯	辛卯	癸卯	乙卯
辰	戊辰	庚辰	壬辰	甲辰	丙辰
巳	己巳	辛巳	癸巳	乙巳	丁巳
午	庚午	壬午	甲午	丙午	戊午
未	辛未	癸未	乙未	丁未	己未
申	壬申	甲申	丙申	戊申	庚申
酉	癸酉	乙酉	丁酉	己酉	辛酉
戌	甲戌	丙戌	戊戌	庚戌	壬戌
亥	乙亥	丁亥	己亥	辛亥	癸亥
子（夜子時）	丙子	戊子	庚子	壬子	甲子

表八：從日干支查時干支表

日干支	時干支											
甲子 甲戌 甲申 甲午 甲辰 甲寅	甲子	乙丑	丙寅	丁卯	戊辰	己巳	庚午	辛未	壬申	癸酉	甲戌	乙亥
丙寅 丙子 丙戌 丙申 丙午 丙辰	戊子	己丑	庚寅	辛卯	壬辰	癸巳	甲午	乙未	丙申	丁酉	戊戌	己亥
戊辰 戊寅 戊子 戊戌 戊申 戊午	壬子	癸丑	甲寅	乙卯	丙辰	丁巳	戊午	己未	庚申	辛酉	壬戌	癸亥
庚午 庚辰 庚寅 庚子 庚戌 庚申	丙子	丁丑	戊寅	己卯	庚辰	辛巳	壬午	癸未	甲申	乙酉	丙戌	丁亥
壬申 壬午 壬辰 壬寅 壬子 壬戌	庚子	辛丑	壬寅	癸卯	甲辰	乙巳	丙午	丁未	戊申	己酉	庚戌	辛亥
乙丑 乙亥 乙酉 乙未 乙巳 乙卯	丙子	丁丑	戊寅	己卯	庚辰	辛巳	壬午	癸未	甲申	乙酉	丙戌	丁亥
丁卯 丁丑 丁亥 丁酉 丁未 丁巳	庚子	辛丑	壬寅	癸卯	甲辰	乙巳	丙午	丁未	戊申	己酉	庚戌	辛亥
己巳 己卯 己丑 己亥 己酉 己未	甲子	乙丑	丙寅	丁卯	戊辰	己巳	庚午	辛未	壬申	癸酉	甲戌	乙亥
辛未 辛巳 辛卯 辛丑 辛亥 辛酉	戊子	己丑	庚寅	辛卯	壬辰	癸巳	甲午	乙未	丙申	丁酉	戊戌	己亥
癸酉 癸未 癸巳 癸卯 癸丑 癸亥	壬子	癸丑	甲寅	乙卯	丙辰	丁巳	戊午	己未	庚申	辛酉	壬戌	癸亥

繼大師表　癸未年季秋

（九）年、月、日、時之干支排列例子

繼大師

年、月、日、時之干支排列，簡稱四柱天干之排列，玆列各例子如下：

例（一）：西曆二零一五年二月五日晚上十一時卅分（即二十三時卅分）。

查萬年曆西曆二零一五年二月四日十二時九分交立春節，故此二零一五年二月五日屬「乙未」年，農曆雖是甲午年年之十二月十六日，但因為已交立春日，故屬乙未年之正月，正月是寅月，乙干之年以戊起寅月，故是「戊寅」月，二月五日查萬年曆是「壬子」日，晚上十一時卅分是夜子時，「壬」干日以庚子起早子時，排至夜子時，其時干支是「壬子」夜子時，故這日課之四柱是：

乙未　年
戊寅　月
壬子　日
壬子　時

例（二）：西曆二零一五年二月六日凌晨零時卅分。

查萬年曆與上一例同年、月之干支，即是「乙未年」、「戊寅月」，其日干支是「癸丑」日，癸日干起「壬子」初子時，其四柱干支是：

乙未　年
戊寅　月
癸丑　日
壬子　時

例（一）與例（二）除日之干支不同外，其餘年、月、時之干支均相同，因為「壬子」日之夜子時與「癸丑」日之早子時，兩者之時干支是相同的。

例（三）：西曆二零二一年二月三日廿三時零五分。

查萬年曆於西曆二零二一年二月三日廿三時零八分交立春，而這時之時間還有三分鐘始交立春，故仍屬於「庚子」年，二月三日是屬於「小寒」與「立春」之間，故屬「丑月」，而庚子年起戊寅月，數至丑月為「己丑」月，其日干支是「壬午」日，「壬午」日起庚子早子時，數至夜子時是「壬子」，其日課四柱是：

庚子　年
己丑　月
壬午　日
壬子　時

例（四）：若日課比例（三）多五分鐘，即西曆二零二一年二月三日廿三時十分。

查萬年曆與例三相同是西曆二零二一年二月三日廿三時零八分交立春，例四之日課過了交立春兩分鐘，所以屬於農曆之「辛丑」年，而「立春」至「驚蟄」間屬於「寅月」，「辛丑」年起「庚寅」月，這日是「壬午」日，起「庚子」時，夜子時是「壬子」時，其日課四柱是：

辛丑　年
庚寅　月
壬午　日
壬子　時

例（三）與例（四）之日課，雖然只相差五分鐘，日、時之干支相同，但年、月之干支已完全不同。故此，擇日以「立春」節氣定年干支，以十二節氣定月之干支，以中氣為每個月之中間日，以這原則，將日子轉成干支，這是「正五行擇日法」最基本之依據。

寫一偈曰：

立春定年
以節為月
五行干支
吉凶有憑

（十）祭主生辰胎元之起法及原理

繼大師

在選取日課用事之前，最理想的做法，就是要知道用事人之生辰八字，以八字求得他（或她）的「胎元」。「胎元」是人未出生而剛剛受孕的那一刻，正常人之胎期以十個月為標準，但事實上是有加減的，早產或晚產均可能出現，胎元之計算法，其程序如下：

（一）以生辰日期轉換成日課之四柱八字。

（二）依八字之月柱干支為準，干支進一位，地支進三位，所得干支，即是「胎元」。

例如，祭主生於西曆二零一二年三月廿一日中午十二時。

查萬年曆，西曆二零一二年三月五日十二時廿八分交驚蟄，是二月也，歲次壬辰，二月為癸卯，日干支是辛巳，時起戊子，至午時為甲午，其四柱八字是：

壬辰　年
癸卯　月
辛巳　日
甲午　時

以月柱干支為準，天干進一位，地支進三位，即是：

癸（進一位）↓甲，

卯（進三位）↓午。

祭主的胎元便是：「甲午」。

這起胎元法，其秘訣是以廿四節氣中之「中氣」作定月令之干支，這與排八字干支的「以節氣定月令干支」有一定的差別，以上一八字為例，二零一二年西曆三月廿一日；三月五日是驚蟄，三月廿日是春分，此日是在驚蟄與清明之間，八字屬癸卯月，此日又是在春分與穀雨中氣之間，故其胎元月令與八字所排之月令相同，同是癸卯月也。

表九

茲列出八字與胎元之所屬月令表如下：

所屬月份	八字月令日期	胎元月令日期
正月寅月	立春 至 驚蟄	雨水 至 春分
二月卯月	驚蟄 至 清明	春分 至 穀雨
三月辰月	清明 至 立夏	穀雨 至 小滿
四月巳月	立夏 至 芒種	小滿 至 夏至
五月午月	芒種 至 小暑	夏至 至 大暑
六月未月	小暑 至 立秋	大暑 至 處暑
七月申月	立秋 至 白露	處暑 至 秋分
八月酉月	白露 至 寒露	秋分 至 霜降
九月戌月	寒露 至 立冬	霜降 至 小雪
十月亥月	立冬 至 大雪	小雪 至 冬至
十一月子月	大雪 至 小寒	冬至 至 大寒
十二月丑月	小寒 至 立春	大寒 至 雨水

繼大師表　癸未年孟冬

若祭主是生於西曆二零一二年三月十九日中午十二時的話，則其胎元之所屬，是在雨水（西曆二月十九日十四時廿五分交雨水）至春分（西曆三月廿日十三時廿分交春分）之間，故此其胎元之月令所屬「壬寅」月（壬辰年起壬寅月令），其胎元排法是：

壬（進一位）→癸，

寅（進三位）→巳。

天干進一位是癸，地支進三位是巳，故此，西曆二零一二年三月十九日午時生人之祭主，其胎元是：「癸巳」。

寫一偈曰：

生辰胎元

月令節氣

排法有別

得訣週全

（十一）以八字求命宮之法——掌訣推命宮法

繼大師

「命宮」在八字四柱批命中，有人認為與八字大運無關，亦有人主張為重要之宮，而筆者繼大師在得恩師　呂克明先師之教授下，其「正五行擇日法」的傳承說法是：

（一）以日課四柱之干支生旺祭主之生年干支，而並不是用日課干支生旺祭主之日柱干支。

這說法在胡暉著《選擇求真》卷二「論相主」（玄學出版社印行，第四十五頁）有論述，云：

「按國朝（清、嘉慶十四年間）現行則例。欽天監奏請以龍造（指皇帝）係甲午年生。若歲逢甲午。是本命年辰也。歲逢庚子。則立沖本命也。京師禁止蓋造大修。是論生年也。」

（二）以日課四柱之干支五行不要沖尅命宮為依據，而不是以日課四柱之干支五行作生旺祭主之八字四柱為依據。

故此，由祭主生辰八字所排出的「命宮」極為重要，擇日日課之干支不可沖尅「命宮」之干支也。

安命宮的古法口訣是：

其排法是，以祭主之生辰四柱八字，以出生月令干支（以節氣定月令）為首，以寅月（用地支逆推）生月而定出命宮在「卯」支上，以月支逆行從子向亥，又以生時支順行從子向丑方排，即：

「逢卯安命」

寅月生人——以子時在卯，丑時在寅，寅時在丑，卯時在子，辰時在亥，巳時在戌，午時在酉，未時在申，申時在未，酉時在午，戌時在巳，亥時在辰。

以寅月子時生起卯宮，以卯月子時起寅宮，以辰月子時起丑宮，以巳月子時起子宮，以午月子時起亥宮，以未月子時起戌宮，以申月子時起酉宮，以酉月子時起申宮，以戌月子時起未宮，以亥月子時起午宮，以子月子時起巳宮，以丑月子時起辰宮。

茲列出安命宮查表如下：

表十：安命宮速查表

逢卯安命——即寅月子時生，命宮在卯。

生月／生時	寅月	卯月	辰月	巳月	午月	未月	申月	酉月	戌月	亥月	子月	丑月
子	卯	寅	丑	子	亥	戌	酉	申	未	午	巳	辰
丑	寅	丑	子	亥	戌	酉	申	未	午	巳	辰	卯
寅	丑	子	亥	戌	酉	申	未	午	巳	辰	卯	寅
卯	子	亥	戌	酉	申	未	午	巳	辰	卯	寅	丑
辰	亥	戌	酉	申	未	午	巳	辰	卯	寅	丑	子
巳	戌	酉	申	未	午	巳	辰	卯	寅	丑	子	亥
午	酉	申	未	午	巳	辰	卯	寅	丑	子	亥	戌
未	申	未	午	巳	辰	卯	寅	丑	子	亥	戌	酉
申	未	午	巳	辰	卯	寅	丑	子	亥	戌	酉	申
酉	午	巳	辰	卯	寅	丑	子	亥	戌	酉	申	未
戌	巳	辰	卯	寅	丑	子	亥	戌	酉	申	未	午
亥	辰	卯	寅	丑	子	亥	戌	酉	申	未	午	巳
子（夜子時）	卯	寅	丑	子	亥	戌	酉	申	未	午	巳	辰

舉例：祭主生辰與上一章之例相同，亦是生於西曆二零一二年三月廿一日午時，其八字四柱是：

壬辰　年
癸卯　月
辛巳　日
甲午　時

卯月生人，以子時起寅為命宮，順時支逆推十二支數，即是：子時在寅，丑時在丑，寅時在子，卯時在亥，辰時在戌，巳時在酉，午時命宮在「申」，故命宮在申。

以五虎遁年上起月法，壬辰年起壬寅月，癸卯月，甲辰月，乙巳月，丙午月，丁未月，戊申月，「申」是卯月午時生人之命宮，故其命宮之干支是：

命宮——戊申

由於每日凌晨零時一分至凌晨一時為初子時，及每日晚上十一時零一分至晚上十二時正為夜子時，所以排出四柱八字中的時柱天干不相同，但地支仍是子時，所以排出的命宮是相同的。

以上一例為例，若其生辰是西曆二零一二年三月廿一日零時卅分，另一生辰為晚上十一時卅分，兩個生辰八字如下：

甲：　壬辰　年
　　　癸卯　月
　　　辛巳　日
　　　戊子　時（初子時）

乙：　壬辰　年
　　　癸卯　月
　　　辛巳　日
　　　庚子　時（夜子時）

以上兩個生辰八字，查「安命宮速查表」，卯月初子時及卯月夜子時，其命宮同在「寅」宮上，再以五虎遁年上起月法，壬辰年起壬寅，故以上之「甲、乙」兩例，其命宮是：

「壬寅」

在推算命宮法之中，有「掌訣推命宮法」，首先將十二個地支放在手掌的固定位置上，玆例如下：

圖（一）：

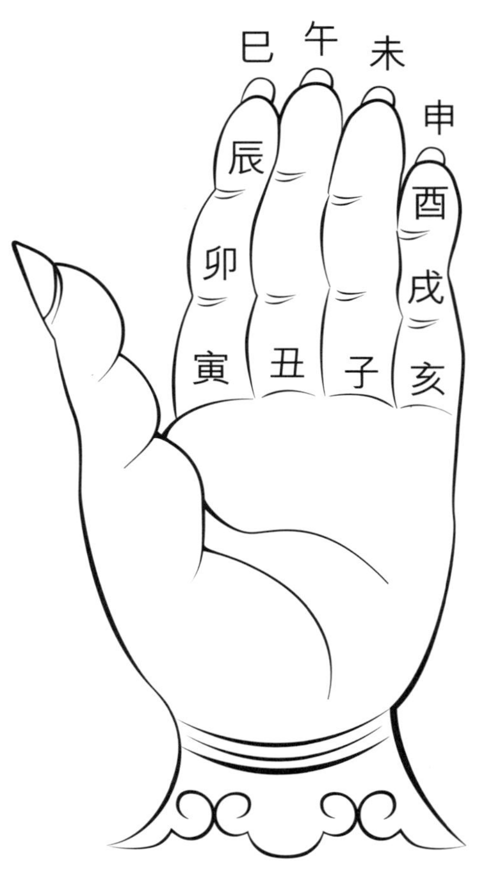

以上一祭主八字為例，即：

壬辰　年
癸卯　月
辛巳　日
甲午　時

卯月生人，首先，以安命口訣「逢卯安命」之法，以「寅」月放在手掌「卯」之固定位置上，然後逆推至「卯」支之出生月，在手掌「寅」之固定位置上，如下圖（二）：

巳　午　未　申
辰　酉
寅　卯　戌
寅　丑　子　亥
卯　（生月）
逆推

「卯」之出生月在「寅」位掌訣圖上，再以「子」時起「寅」位，逆推至「午」支生時，看看在掌訣圖中何處位置上，逆推是：子在寅位，丑在丑位，寅在子位，卯在亥位，辰在戌位，巳在酉位，午在申位，所以，卯月午時出生祭主之命宮在「申」支上，再用五虎遁年上起月法，壬辰年起壬寅月，順數至申為「戊申」，故命宮在「戊申」，茲列掌訣圖（三）如下：

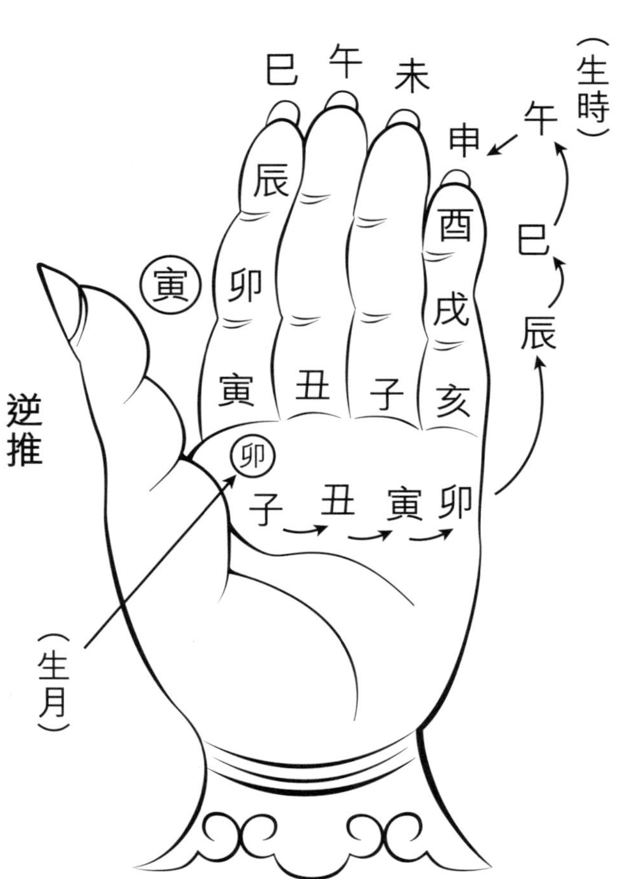

（十二）天干地支之陰陽五行、生剋、化合、會沖

繼大師

天干十數，地支十二數，相配成六十甲子，各有陰陽五行，互相產生化合刑沖會剋等種種狀態，正五行擇日法依此定吉凶，雖然這些是基礎，但非常重要，茲列如下：

天干所屬陰陽

十天干——甲、乙、丙、丁、戊、己、庚、辛、壬、癸。

陽天干——甲、丙、戊、庚、壬。

陰天干——乙、丁、己、辛、癸。

地支所屬陰陽

十二地支——子、丑、寅、卯、辰、巳、午、未、申、酉、戌、亥。

十二地支所屬生肖及月份

子、鼠、十一月，丑、牛、十二月，寅、虎、正月，卯、兔、二月，辰、龍、三月，巳、蛇、四月，午、馬、五月，未、羊、六月，申、猴、七月，酉、雞、八月，戌、狗、九月，亥、豬、十月。

地支所屬五行生肖月份圖：

繼大師圖
癸未年季秋

陽地支：寅 辰巳 申 戌亥

陰地支：子丑 卯 午未 酉

表十一：天干地支在配搭上之陰陽表

陽干	陽支	陰干	陰支
甲丙戊庚壬	子寅辰午申戌	乙丁己辛癸	丑卯巳未酉亥

表十二：天干地支在推算上之陰陽表

陽干	陽支	陰干	陰支
甲丙戊庚壬	亥寅辰申戌巳	乙丁己辛癸	子丑卯午未酉

地支之所屬陰陽有兩種説法，一説「子、午」是陽，「亥、巳」屬陰。另一説法是「子、午」屬陰，「亥、巳」屬陽，本書所採用的是後者之説，其解釋是：

甲干之祿在寅，乙干之祿在卯，丙、戊之祿在巳，丁、己之祿在午，庚干之祿在申，辛干之祿在酉，壬干之祿在亥，癸干之祿在子。祿之説法是天干與地支之陰陽五行均相同，由於丙、戊天干是陽，其祿在巳，故巳亦屬陽；丁、己天干是陰，其祿在午，故午亦屬陰。由於壬天干是陽，其祿在亥，故亥屬陽；癸天干是陰，其祿在子，故子屬陰。

子、午與巳、亥交溝
是陰陽對峙也。

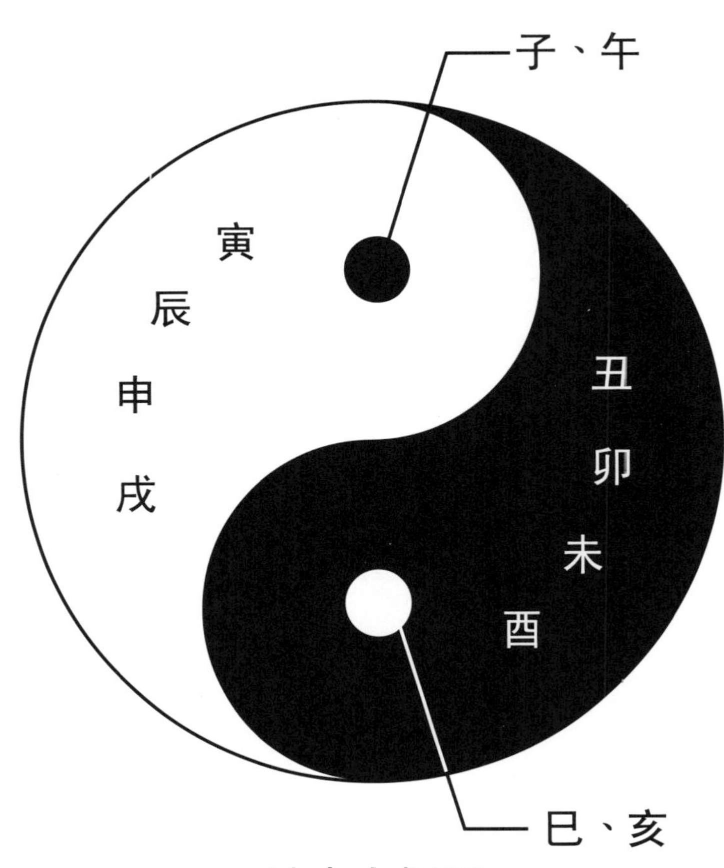

子、午與巳、亥交溝
是陰陽對待也

地支太極圖

繼大師圖
甲申年仲春

地支若三個一起，便稱「三會方」，其所屬之方位是：

北方——亥、子、丑
東方——寅、卯、辰
南方——巳、午、未
西方——申、酉、戌

東——寅卯辰會木
南——巳午未會火
西——申酉戌會金
北——亥子丑會水

地支所屬五行如下：

水——亥、子
木——寅、卯
火——巳、午
金——申、酉
土——辰、戌、丑、未

地支三會圖：

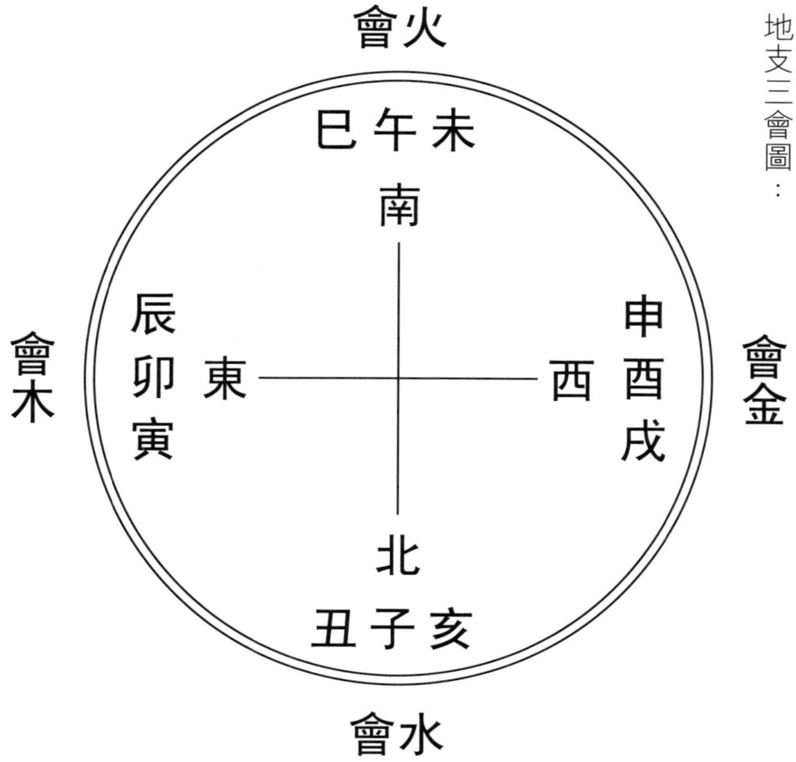

會火
巳午未
南
辰卯寅 東
會木
西 申酉戌
會金
北
丑子亥
會水

天干地支所屬五行如下：

金——庚、辛、申、酉

木——甲、乙、寅、卯

水——壬、癸、亥、子

火——丙、丁、巳、午

土——戊、己、辰、戌、丑、未

天干十個，若是一陰一陽而相隔五數則為化合，其五行轉化而成另一五行，如甲干至己干是隔五數也，其合化之五行如下：

甲、己——合化土

乙、庚——合化金

丙、辛——合化水

丁、壬——合化木

戊、癸——合化火

地支以「子」為首，若每隔三個地支，由子至辰，由辰至申，三個地支一組，便可化合成另一個五行，稱之為「三合」，其所屬干支五行如下：

金——巳、酉、丑

木——亥、卯、未

水——申、子、辰

火——寅、午、戌

土是沒有地支三合的，而「辰、戌、丑、未」便屬土。

茲列出地支三合圖如下：

地支三合金局

金局
巳
酉
丑

地支三合木局

木局
未
卯
亥

地支三合水局

水局
辰
申
子

地支三合火局

火局
午
寅
戌

十二地支，若以子在下，午在上，以子支作順時鐘方向轉而排列，以橫綫相對，像地球之軸心一樣，則成了另一個五行之化合，共有六對化合，故稱「地支六合」，即是：

土——子、丑合
木——寅、亥合
火——卯、戌合
金——辰、酉合
水——巳、申合
日、月——午是日，未是月，午未化合日月

茲列出地支六合化生五行圖如下：

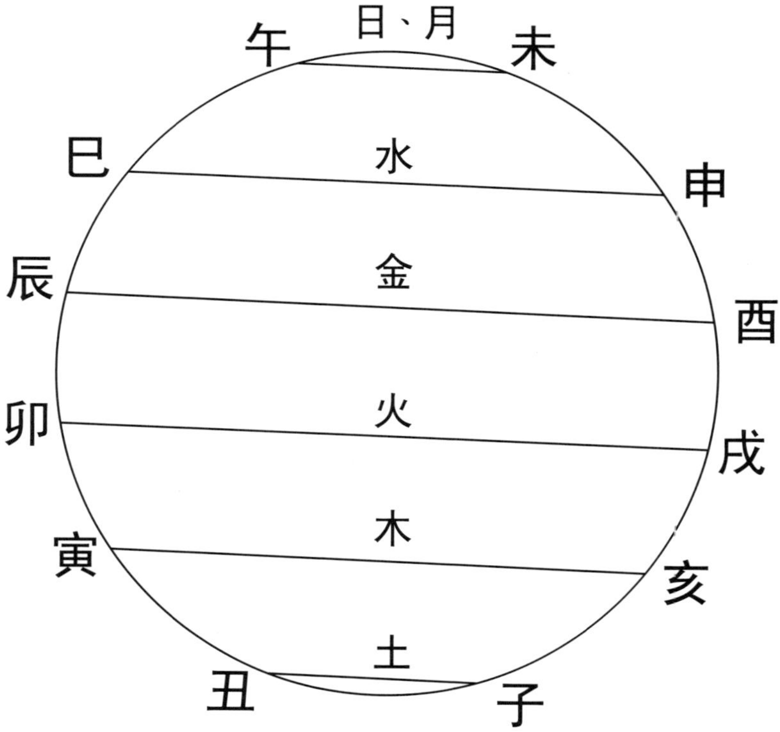

日、月
午 未
水
巳 申
金
辰 酉
火
卯 戌
木
寅 亥
土
丑 子

地支六合化五行圖

十二地支中，以隔六個位之相對方謂之「沖」，沖則兩敗俱傷，有六對地支相沖，故稱「六沖」，即：

子↓沖午　午↓沖子
丑↓沖未　未↓沖丑
寅↓沖申　申↓沖寅
卯↓沖酉　酉↓沖卯
辰↓沖戌　戌↓沖辰
巳↓沖亥　亥↓沖巳

而天干十個，以隔七位之數而相尅，尅則為煞，故稱為「七煞」，是陽尅陽及陰尅陰，即：

甲、庚——庚金尅甲木，甲之七煞為庚
乙、辛——辛金尅乙木，乙之七煞為辛
丙、壬——壬水尅丙火，丙之七煞為壬
丁、癸——癸水尅丁火，丁之七煞為癸
戊、甲——甲木尅戊土，戊之七煞為甲
己、乙——乙木尅己土，己之七煞為乙

地支六沖圖：

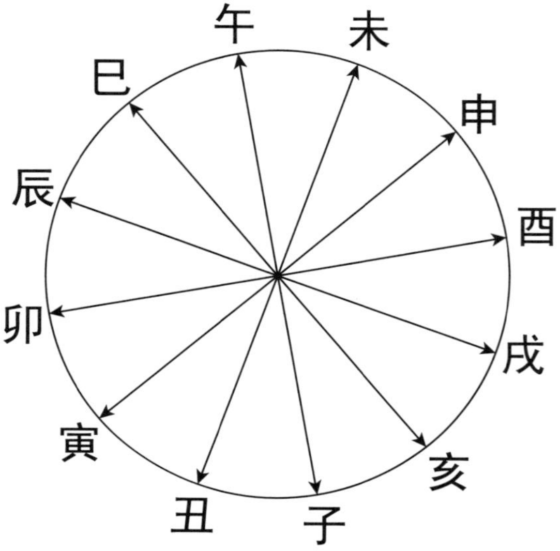

天干七煞圖：

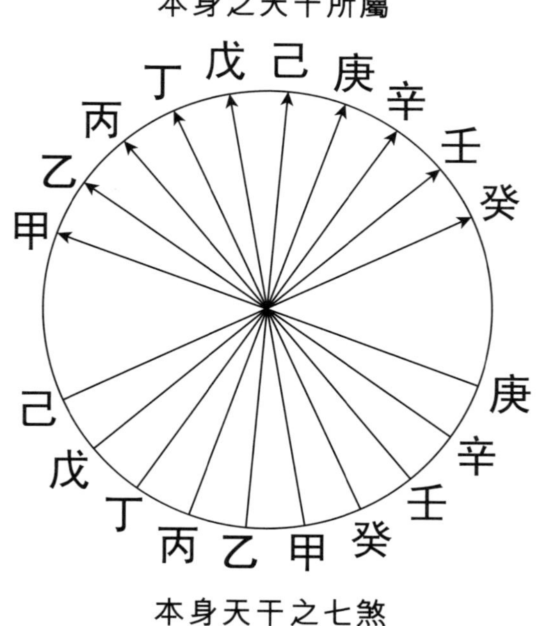

無論天干或是地支，它都是包含有陰陽及五行之屬性，正五行擇日法，顧名思義是以陰陽五行為主，故此，我們一定要將五行之相生及相剋記熟。

五行相生是：

水→木→火→土→金→水

五行相剋是：

水X→火X→金X→木X→土X→水

五行相生圖：

火
木 土 金
水

五行相剋圖：

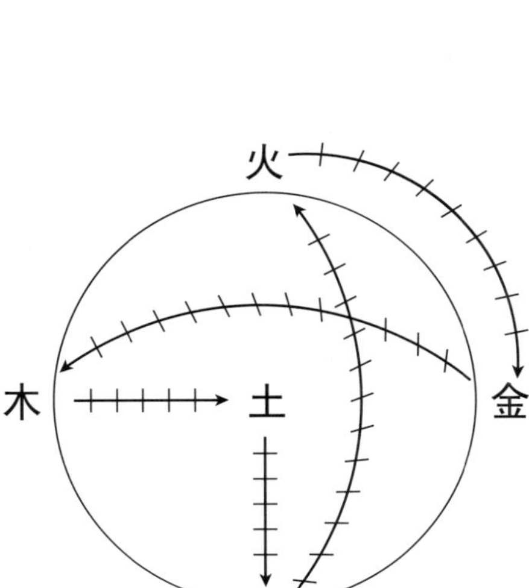

五行生尅圖：

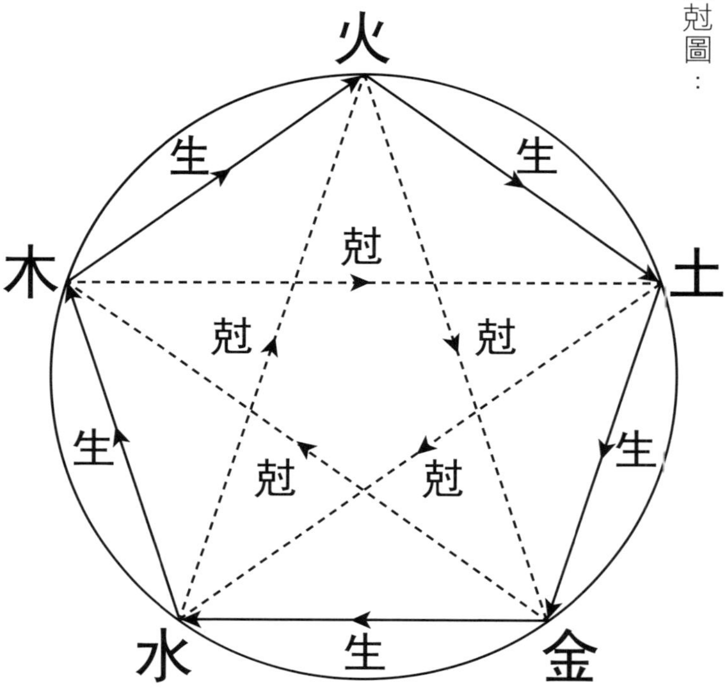

五角形綫是相生方向路綫
星形綫是相尅方向路綫

（十三）日課中之十神生尅原理與其吉凶

繼大師

十個天干及十二個地支，各有所屬之陰陽及五行，彼此互相產生了關係，共有五種，每種各有一陰一陽，共十個，稱為「十神」。其中有天干與天干，天干與地支，「十神」是以天干與天干及地支的關係為主，現以「甲」天干為自己，其中「十神」之關係如下：

（一）同我者為比肩、比劫，以「甲」為我，則：

比肩──甲與甲（我）同，寅與甲（我）雖是一天干一地支，但同屬陽木，故甲、寅同是甲（我）的比肩。同陰陽同五行是比肩。

比劫──乙與甲（我）同屬木，但不同陰陽，甲（我）與卯亦如是，故乙、卯是甲（我）的劫財。不同陰陽同五行是比劫。

（二）生我者為正印、梟神（即偏印），以「甲」干為我，則：

正印──癸是陰干，子是陰支，癸、子同屬陰水，陰水是生甲干（我）陽木，故「癸、子」是甲干（我）之正印，陰生陽或陽生陰為正印。

梟神——梟神又稱偏印，壬是陽干，亥是陽支，壬、亥同屬陽水，陽水生甲（我）陽木，陽生陽或陰生陰是為梟神，故「壬、亥」是甲干（我）之梟神。

（三）我生者為傷官、食神，以「甲」干為我，則：

傷官——丁是陰干，午是陰支，丁、午同屬陰火，甲干（我）陽木生陰火，陽生陰或陰生陽是為傷官，故「丁、午」是甲干（我）之傷官。

食神——丙是陽干，巳是陽支，丙、巳同屬陽火，甲干（我）陽木生陽火，陽生陽或陰生陰是為食神，故「丙、巳」是甲干（我）之食神。

（四）我尅者為正財、偏財，以「甲」干為我，則：

正財——己是陰干，丑、未是陰支，己、丑、未同屬陰土，甲干（我）陽木尅陰土，陽尅陰或陰尅陽是為正財，故「己、丑、未」是甲干（我）之正財。

偏財——戊是陽干，辰、戌是陽支，戊、辰、戌同屬陽土，甲干（我）陽木尅陽土，陽尅陽或陰尅陰是為偏財，故「戊、辰、戌」是甲干（我）之偏財。

（五）尅我者為正官、七煞，以「甲」干為我，則：

正官——辛是陰干，酉是陰支，辛、酉同屬陰金，甲干（我）陽木被陰金所尅，陰被陽尅或陽被陰尅是為正官，故「辛、酉」是甲干（我）之正官。

七煞——庚是陽干，申是陽支，庚、申同屬陽金，甲干（我）陽木被陽金所尅，陽被陽尅或陰被陰尅是為七煞，故「庚、申」是甲干（我）之七煞。

「十神」中，在日課四柱八字之格局取用時，古人不以「比肩、劫財」為格局，只取「印、食、傷、財、官、煞」為用，故「十神」又稱為「六神」，十神中，互相產生相生相尅的關係。

表十三：十神相生表

表十四：十神相尅表

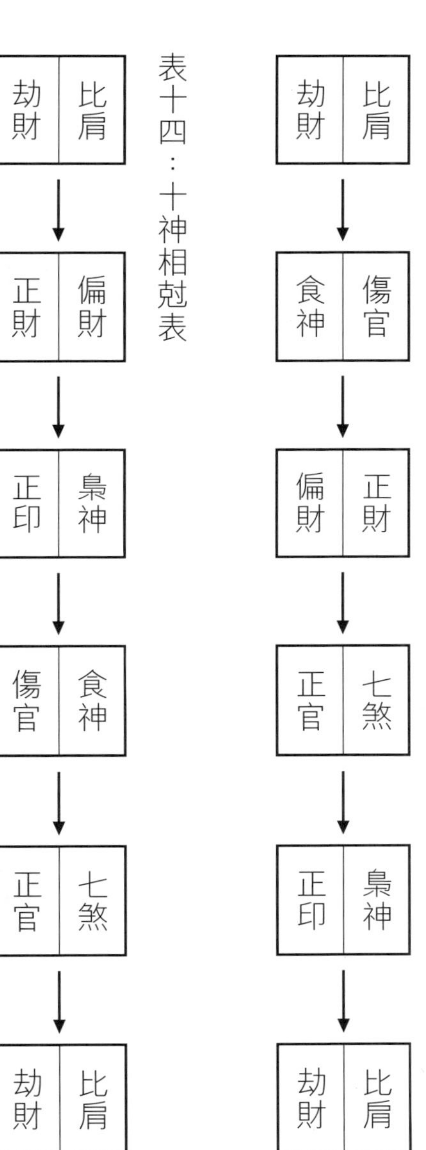

在日課之選取中，首先要有用事人本身的生年，稱為「祭主」或「福主」之生年，一切以福主的生年為主，以其生年作「我」，以用事日課之四柱八字干支生助「我」為吉，以剋、洩、沖破為「凶」，十神之吉凶如下：

吉——比肩、正印

中吉——正財、偏財

中凶——劫財、梟神、傷官、食神、正官

凶——七煞

以上之十神吉凶是概說，亦要視乎十神之多少而定，以生助、同旺「我」為吉之原則，以剋、洩、沖破「我」為凶之原則。若用事有牽涉到方位及方向的話，則「我」（用事人）、坐向及方位等，要能被日課之四柱八字生助始可取用。

茲列出天干與天干、地支之六神表如下：

表十四：陽天干六神表

六神＼天干	甲	丙	戊	庚	壬
比肩	甲	丙	戊	庚	壬
劫財	乙	丁	己	辛	癸
食神	丙	戊	庚	壬	甲
傷官	丁	己	辛	癸	乙
偏財	戊	庚	壬	甲	丙
正財	己	辛	癸	乙	丁
七煞	庚	壬	甲	丙	戊
正官	辛	癸	乙	丁	己
偏印	壬	甲	丙	戊	庚
正印	癸	乙	丁	己	辛

表十五：陰天干六神表

六神＼天干	乙	丁	己	辛	癸
比肩	乙	丁	己	辛	癸
劫財	甲	丙	戊	庚	壬
食神	丁	己	辛	癸	乙
傷官	丙	戊	庚	壬	甲
偏財	己	辛	癸	乙	丁
正財	戊	庚	壬	甲	丙
七煞	辛	癸	乙	丁	己
正官	庚	壬	甲	丙	戊
偏印	癸	乙	丁	己	辛
正印	壬	甲	丙	戊	庚

表十六：陽天干與地支六神表

六神／天干	甲	丙	戊	庚	壬
比肩	寅	巳	辰戌	申	亥
劫財	卯	午	丑未	酉	子
食神	巳	辰戌	申	亥	寅
傷官	午	丑未	酉	子	卯
偏財	辰戌	申	亥	寅	巳
正財	丑未	酉	子	卯	午
七煞	申	亥	寅	巳	辰戌
正官	酉	子	卯	午	丑未
偏印	亥	寅	巳	辰戌	申
正印	子	卯	午	丑未	酉

表十七：陰天干與地支六神表

六神／天干	乙	丁	己	辛	癸
比肩	卯	午	丑未	酉	子
劫財	寅	巳	辰戌	申	亥
食神	午	丑未	酉	子	卯
傷官	巳	辰戌	申	亥	寅
偏財	丑未	酉	子	卯	午
正財	辰戌	申	亥	寅	巳
七煞	酉	子	卯	午	丑未
正官	申	亥	寅	巳	辰戌
偏印	子	卯	午	丑未	酉
正印	亥	寅	巳	辰戌	申

（十四）干支的五行四時旺相休囚死的原理

繼大師

干支的五行，它是依每年之四季而當令旺相，其五行之旺相是：

「當我者旺。生我者相。我生者休。我尅者囚。尅我者死。」

旺即最旺，相次旺，休為衰，囚為次衰，死為最衰。衰乃弱也。

干支的五行旺相如下：

（一）甲、乙、寅、卯——木旺於春，即在立春以後。
（二）丙、丁、巳、午——火旺於夏，即在立夏以後。
（三）庚、辛、申、酉——金旺於秋，即在立秋以後。
（四）壬、癸、亥、子——水旺於冬，即在立冬以後。
（五）戊、己、辰、丑、未——土旺於四季，即在立春、立夏、立秋、立冬前約十八日為旺期。

以「甲、乙、寅、卯」木為例，木「旺」於春天，「休」於夏天，「死」於秋天，「相」於冬天，「囚」於四季。這種是固定的說法，它是以月令之地支為主，天干為次，兩者合看，又要視乎干支相合、相沖、相生、相尅、相破否，以年、月、日、時四柱八字干支一同參看，若月令在春天，則月令地支必是寅、卯，擇日不能選「申、酉」之破日，或取「辰、丑」之被尅日，但「戌」與寅、午合三合火，「未」與亥、卯合三合木，若取「戌、未」之土日，雖説被「寅、卯」月支之木所尅，但戌、未之日又能化合月支，化合後，其五行屬性又不一樣，但日課寅月只能取戌日，卯月只能取未日，若寅月取未日則寅木尅未土，若卯月取戌日，則「卯、戌」又成六合化火，故此，其生尅要視乎個別干支而定，不能一概而論也。

茲列出干支之四時五行圖表如下：

干支四時五行圖：

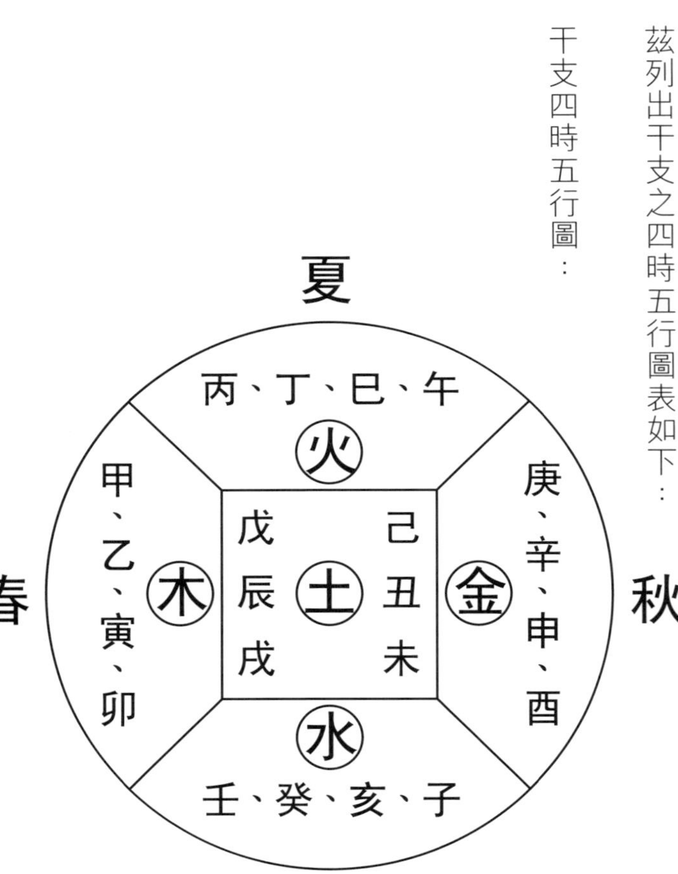

表十八：干支之旺相休囚表

五行	干支所屬	春	夏	秋	冬	季
木	甲、乙、寅、卯	旺	休	死	相	囚
火	丙、丁、巳、午	相	旺	囚	死	休
金	庚、辛、申、酉	囚	死	旺	休	相
水	壬、癸、亥、子	休	囚	相	旺	死
土	戊、己、辰、戌、丑、未	死	相	休	囚	旺

（十五）三合局及十二長生之生旺墓暨真天馬之求法

繼大師

「十二長生」是十二種運行中的過程，以天干放在地支中而得出十二種強弱之狀態，長生歌訣是：

甲木長生在亥，乙木長生在午，丙戊生於寅，丁己生於酉，庚金長生在巳，辛金長生在子，壬水生於申，癸水生於卯。陽干順行，陰干逆行。

十二長生是以陽順陰逆之排法，求得其衰旺，十二長生解釋如下：

（一）長生——新生命開始誕生
（二）沐浴——人出生後沐浴去垢
（三）冠帶——人成長後而戴冠（古人廿歲前戴冠）
（四）建祿——人長大後則須謀生、求功名
（五）帝旺——如人在顛峰期而名成利就
（六）衰——人在顛峰後而逐漸衰退
（七）病——衰弱後而疾病相隨
（八）死——病重後死亡
（九）墓——死後入墓埋葬

（十）絕——埋葬後而身體化掉

（十一）胎——滅絕後再輪迴受胎轉世

（十二）養——受胎後在母體內吸收營養

茲列出「長生十二運表」如下：

表十九：長生十二運表

日干	長生	沐浴	冠帶	建祿	帝旺	衰	病	死	墓	絕	胎	養
甲	亥	子	丑	寅	卯	辰	巳	午	未	申	酉	戌
乙	午	巳	辰	卯	寅	丑	子	亥	戌	酉	申	未
丙	寅	卯	辰	巳	午	未	申	酉	戌	亥	子	丑
丁	酉	申	未	午	巳	辰	卯	寅	丑	子	亥	戌
戊	寅	卯	辰	巳	午	未	申	酉	戌	亥	子	丑
己	酉	申	未	午	巳	辰	卯	寅	丑	子	亥	戌
庚	巳	午	未	申	酉	戌	亥	子	丑	寅	卯	辰
辛	子	亥	戌	酉	申	未	午	巳	辰	卯	寅	丑
壬	申	酉	戌	亥	子	丑	寅	卯	辰	巳	午	未
癸	卯	寅	丑	子	亥	戌	酉	申	未	午	巳	辰

十二長生中，取其「長生、帝旺、墓」，便是十二地支中的三合局，有「金、木、水、火」四組五行，若有地支沖其長生，該地支便是「天馬」，又稱「驛馬」，茲列表如下：

表二十：三合及驛馬表

五行	長生	帝旺	墓庫	沖長生位之驛馬
金	巳	酉	丑	亥
木	亥	卯	未	巳
水	申	子	辰	寅
火	寅	午	戌	申

若在「巳、酉、丑」年驛馬在「亥」支上，在「亥、卯、未」年驛馬在「巳」支上，在「申、子、辰」年驛馬在「寅」，在「寅、午、戌」年驛馬在「申」，知道這驛馬之求法後，我們在選取日課時，便可擇與人命生年之地支出現有驛馬關係的日子，用作出門旅遊或公幹均可，通常日課有「驛馬、天祿、貴人」等吉神關係最好，簡稱「貴人祿馬」，用法會在稍後之「日課格局」中說明。

「驛馬」又稱「天馬」，只是地支與地支的關係，若依其年份之干支，便可求得

有天干及地支的驛馬，稱為「真驛馬」。例如有庚命生人（庚子、庚辰、庚申。）子、辰、申年生人，擇日於西曆二零二零年二月五日晚上八時（戌時），日課四柱是：

庚子　年
戊寅　月
戊寅　日
壬戌　時

在「子、申、辰」三年中的驛馬是沖長生「申」支的，便是驛馬，「寅」沖申支，故此「寅」支便是子年的驛馬，二零二零年歲次「庚子」，以「五虎遁年上起月法」求其真驛馬，庚年起「戊寅」正月，寅是「子年」之驛馬，故此「戊寅」是庚子年的真驛馬，而庚年生人，其真驛馬是「戊寅」干支的，就只有「庚子、庚申、庚辰」三個年份的生人；若庚寅、庚午、庚戌，其驛馬便在「申」，真驛馬是「甲申」。

這日課之月、日兩柱均是「戊寅」干支，日課有兩個真驛馬也，但此日課不適用於「庚申」年命生人，因為地支寅與申沖，沖則破，不利出行，而「庚辰」年生人之辰支又沖日課之時支「戌」，故此只有「庚子」年命可用，筆者繼大師只是偶舉一例，是説明真驛馬與生年及日課年份之關係而矣。

茲列出真驛馬圖如下：

表廿一：真驛馬圖

申、子、辰年馬在寅

年天干	甲	丙	戊	庚	壬
真驛馬	丙寅	庚寅	甲寅	戊寅	壬寅

寅、午、戌年馬在申

年天干	甲	丙	戊	庚	壬
真驛馬	壬申	丙申	庚申	甲申	戊申

亥、卯、未年馬在巳

年天干	乙	丁	己	辛	癸
真驛馬	辛巳	乙巳	己巳	癸巳	丁巳

巳、酉、丑年馬在亥

年天干	乙	丁	己	辛	癸
真驛馬	丁亥	辛亥	乙亥	己亥	癸亥

（十六）天祿之原理——真祿之求法

繼大師

「祿」是天干與地支同五行及陰陽關係之組合，以十天干為主，故又稱「天祿」，現依其陰陽及五行排列如下：

甲——寅（陽木），甲祿在寅。

乙——卯（陰木），乙祿在卯。

丙——巳（陽火），丙祿在巳。

丁——午（陰火），丁祿在午。

戊——巳（陽土陽火，火土同氣。），戊祿在巳。

己——午（陰土陰火，火土同氣。），己祿在午。

庚——申（陽金），庚祿在申。

辛——酉（陰金），辛祿在酉。

壬——亥（陽水），壬祿在亥。

癸——子（陰水），癸祿在子。

由於火生土，土在中宮，天干戊己土在中宮，丙丁火生土，故丙、戊同陽火，丁、己同陰火論，故丙、戊之祿在巳，丁、己之祿在午。

在古法掌訣中，古人將十二地支放在手掌中的固定位置上，以右手執筆記錄，以左手作掌訣位置，以左手大拇指掐出左手，其餘四指的十二地支位置作出推算，只要記熟掌訣圖，便可很快推算出「祿」的所在。

茲列出祿之掌訣圖如下：

天祿掌訣圖：

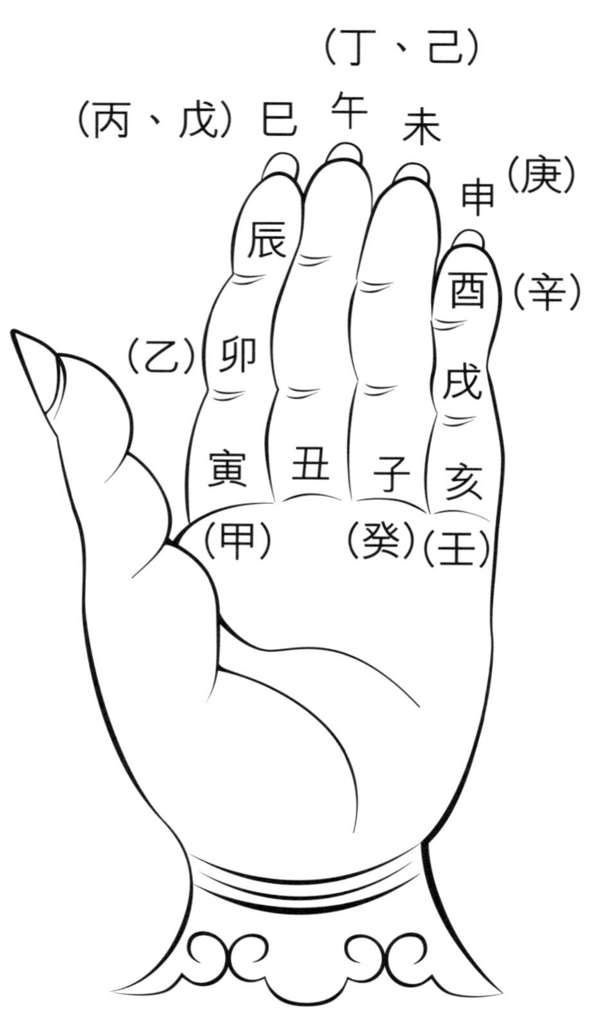

祿以天干十個配出十個地支，其中丙、戊與丁、己兩組相同，故只配出八個地支，而地支中的：「辰、戌、丑、未」四支是沒有得到天干之祿位，故天干之祿只有「寅卯、巳午、申酉、亥子。」木、火、金、水等四組陰陽五行。

我們求得天干在地支之祿後，便可依其年份而次求其祿之天干，以生人之年份為例，如有「甲寅」年生人，甲之祿在寅，本身干支已有祿之關係，但是單以甲年來說，寅是甲之祿，而寅之天干並不是甲，「寅」支以甲年來定其天干，以「五虎遁年上起月法」求「寅」祿之天干，口訣云：

「甲己之年丙作首」

故此甲年以丙起寅月，故此甲年之正月是「丙寅」，雖「祿」並非是年、月、日之關係，但一般以人之生年為主，故生年之祿，其關係與「年上起月法之干支取法」相同，故甲年生人，其祿在「寅」，其干支的祿是「丙寅」，故此，甲年生人，其「真祿」在丙寅。

以乙卯年生人為例，乙祿雖在卯支，但卯支的天干並非乙，但以乙年作主，起出其月令卯月之天干，口訣云：

「乙庚之歲戊為頭」

故此乙年以「戊寅」干支配正月，順推二月是「己卯」，所以「乙」年生人之真祿在「己卯」。

以「正五行擇日法」來說，若乙年生人，擇日用事取西曆二零三五年三月十九日早上六時，其日課四柱八字是：

乙卯　年
己卯　月
己卯　日
丁卯　時

在乙年生人來說，以乙卯、乙巳年生人最適合，乙卯年生人，乙干之真祿在日課之月、日兩柱中，祿在日課之年、時地支上；乙卯年生人，其卯支與日課所有地支相同，是同旺卯木之氣也。

乙巳年生人，乙干同乙卯年生人之好處相同，乙巳年之巳支是陽火，日課四卯支是陰木，陰木生陽火為正印，故此乙巳年生人，其天干及地支均得到日課之干支相助。

以上是以「真祿」作取日課用事為例，而日課之格局將會稍後在擇日格局數章內詳論。

茲列出十天干真祿表如下：

表廿二：十天干真祿表

年干	真祿
甲	丙寅
乙	己卯
丙	癸巳
丁	丙午
戊	丁巳
己	庚午
庚	甲申
辛	丁酉
壬	辛亥
癸	甲子

（十七）貴人之原理——真貴人之求法

繼大師

「貴人」是指天干與地支的關係，亦是在「正五行擇日法」中擔任重要的地位，「貴人」指能輔助自己的人，擇貴人日課，能盡使願望達成，世上一切的事業，若沒有貴人相輔，根本沒可能成功。

古代貴人口訣如下：

甲戊庚牛羊
乙己鼠猴鄉
丙丁豬雞位
壬癸兔蛇藏
六辛逢馬虎
此是貴人方

此口訣即是：

以「甲、戊、庚」天干，其貴人在地支之「丑、未」上。
以「乙、己」天干，其貴人在地支之「申、子」上。
以「丙、丁」天干，其貴人在地支之「亥、酉」上。
以「壬、癸」天干，其貴人在地支之「卯、巳」上。
以「辛」天干，其貴人在地支之「寅、午」上。

茲列出天干貴人表如下：

表廿三：天干貴人表

天干	甲	戊	庚	乙	己	丙	丁	壬	癸	辛
貴人	丑未			子申		亥酉		卯巳		午寅

貴人是分陰貴人及陽貴人兩種，其來源依易經中乾、坤兩大卦之氣所流轉而成，乾、坤兩卦在先後天卦位上而作不同排列。

茲列圖如下：

先天乾坤卦位圖

後天乾坤卦位圖

陽貴人以先天卦位為開始順轉分佈而行，其道理取坤土能生萬物，「戊、己」天干中，以戊土屬陽而燥土不能發生萬物，惟以「己」土陰潤象坤而發生萬物，所以用己土放於先天大卦北位中之坤作順時鐘轉佈，以「己」干放在「子」支位上順時鐘分佈，「庚」干在「丑」支位，「辛」干在「寅」位，「壬」干在「卯」位，辰是天羅位，即交界位而不算，「癸」干在「巳」位，午位與開始之子位相沖，故亦不算，「甲」干在「未」位，「乙」干在「申」位，「丙」干在「酉」位，戌是地網之交界位亦不算，「丁」在「亥」位，子位是己干之開始位，故亦不算，最後之「戊」干放在「丑」位，於是天干之陽貴人是：

己——貴人在子

庚、戊——貴人在丑

辛——貴人在寅

壬——貴人在卯

癸——貴人在巳

甲——貴人在未

乙——貴人在申

丙——貴人在酉

丁——貴人在亥

茲列出先天陽貴人圖如下：

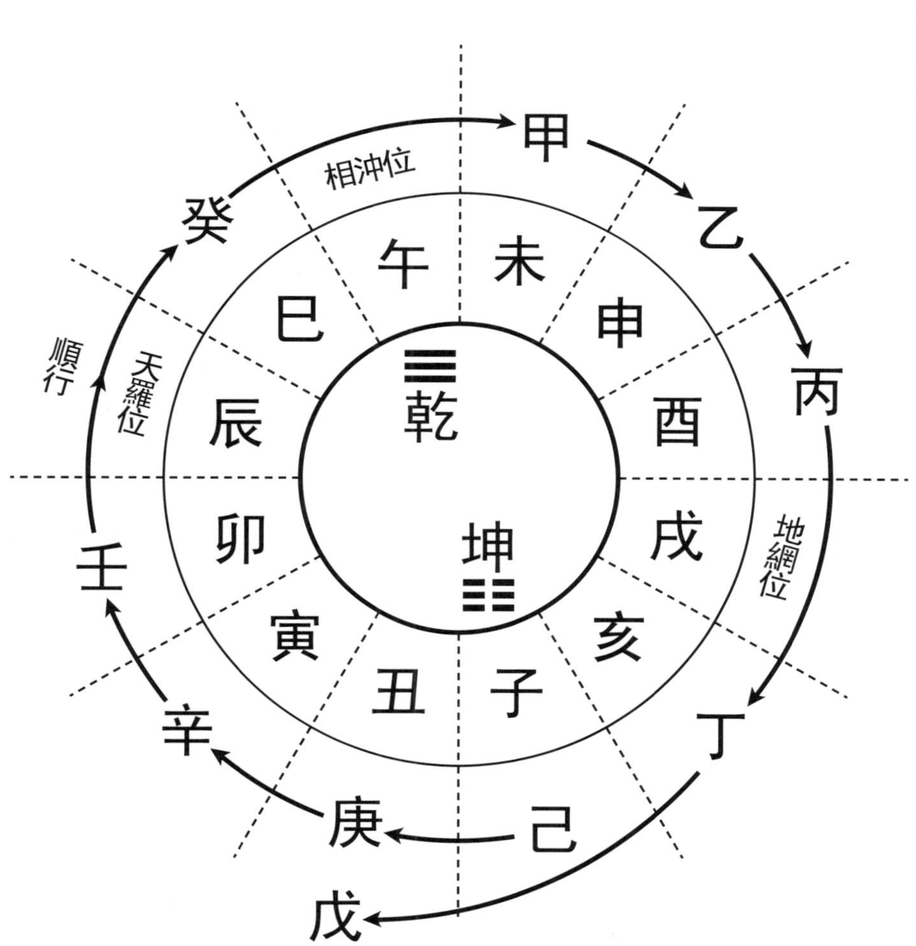
甲
乙
丙
丁
己
庚
辛
壬
癸
戊
相沖位
天羅位
地網位
順行
午
未
申
酉
戌
亥
子
丑
寅
卯
辰
巳
乾
坤

陰貴人以後天卦為根據，以「己」干土放在後天卦坤位之「申」支上，逆時鐘方向轉佈，以「辰」為天羅位，「戌」為地網位，「寅」為坤卦申之相沖位而不算；得出的貴人位置是，「己」干在申位，「庚」干在未位，「辛」干在午位，「壬」干在巳位，「癸」干在卯位，「甲」干在丑位，「乙」干在子位，「丙」干在亥位，「丁」干在酉位，「己」位在申，故此「戊」干在未位也。於是乎天干之陰貴人是：

己——貴人在申

庚、戊——貴人在未

辛——貴人在午

壬——貴人在巳

癸——貴人在卯

甲——貴人在丑

乙——貴人在子

丙——貴人在亥

丁——貴人在酉

茲列出後天陰貴人圖如下：

後天陰貴人圖：

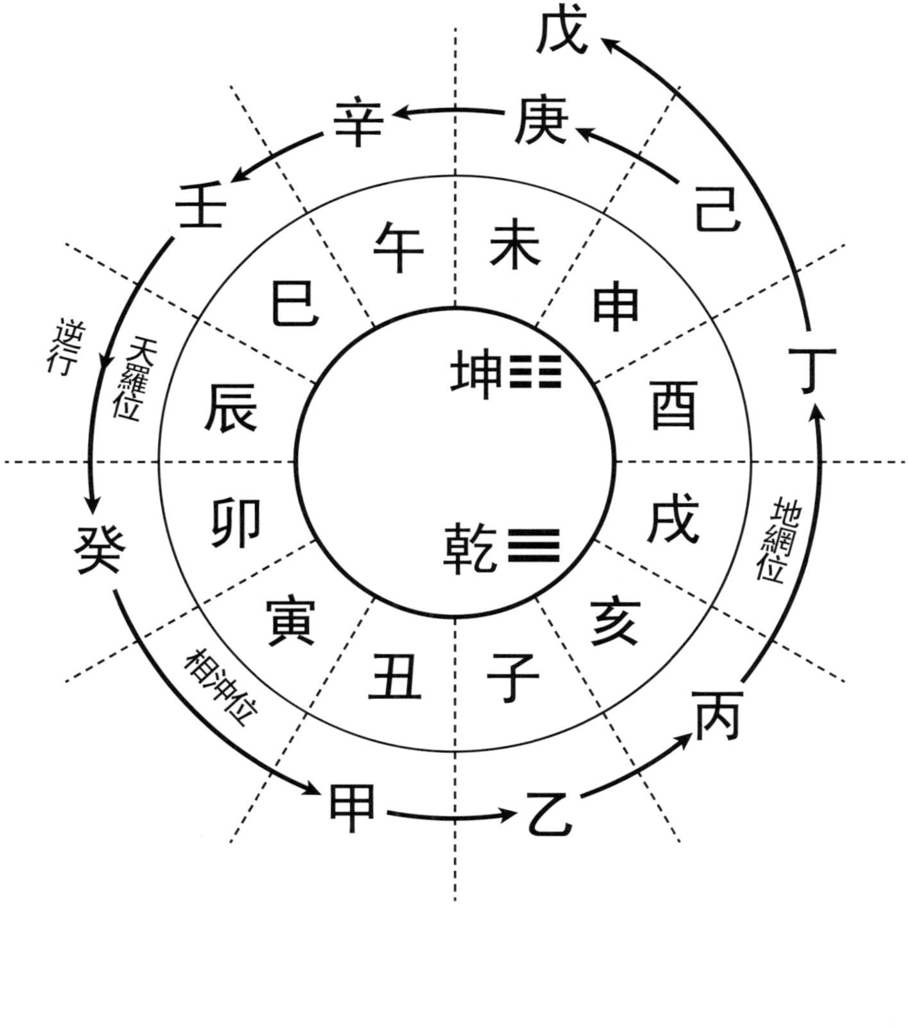

戊
辛 庚
壬 己
午 未
巳 申
逆行
天羅位
坤☷
丁
辰 酉
卯 戌
乾☰
地網位
癸
寅 亥
相沖位
丑 子
丙
甲 乙

我們找到了天干在地支的貴人後，以祭主之生年為主，如甲年生人，而甲干之貴人在「丑、未」二支上，以五虎遁年上起月法，甲年起丙寅，然後排出：丁卯、戊辰、己巳、庚午、辛未、壬申、癸酉、甲戌、乙亥、丙子、丁丑等月令干支，所以「未、丑」在甲年所配上之干支是：

辛未、丁丑

故此辛未、丁丑是甲之「真貴人」也，雖然以甲年排出月令干支與真貴人在表面上無關，但其實以祭主之生年來說，在日課中出現真貴人干支，是以貴人吉神相助本命祭主生年也，其道理在此處。

例如甲子年生人用事，取西曆二零五八年一月十五日丑時，由於未過二零五八年之立春，故仍屬「丁丑」年，日課四柱八字是：

丁丑　年
癸丑　月
丁丑　日
辛丑　時

如此，則甲子年生人之真貴人在日課之「丁丑」年、日二柱上，地支四丑是甲干年生人之貴人，兩種貴人均可得到，以貴人輔助甲命祭主生人是「正五行擇日法」之大原則也，若再得到日課之正五行生助，則是最佳的配搭。

寫一偈曰：

天乙貴人
五行生旺
兩者兼得
日課上品

（十八）天羅地網辰戌位貴人不臨之原理

繼大師

在清、胡暉著《選擇求真》卷六陰陽貴人（玄學出版社印行，第一九二頁）有云：

「辰為天羅。貴人不臨之地。……戌為地網。貴亦不臨。」

亦有陰陽貴人表如下：

表廿四：先天陽貴人圖

巳 癸	午 相沖	未 甲	申 乙
辰 天羅			酉 丙
卯 壬			戌 地網
寅 辛	丑 庚 戊	子 己	亥 丁

表廿五：後天陰貴人圖

巳 壬	午 辛	未 庚 戊	申 己
辰 天羅			酉 丁
卯 癸			戌 地網
寅 相沖	丑 甲	子 乙	亥 丙

此兩圖表內，「辰」為天羅，「戌」為地網，因而天干貴人不排在辰、戌位內，究竟辰戌為天羅地網之原理何在呢？筆者繼大師現解釋如下：

先天八卦，各有所屬之數，乾為九，震為八，坎為七、艮為六、五、十居中宮，兑為四，離為三，巽為二，坤為一。

其次，依河圖之數，其訣是：天一生水。地六成之。地二生火。天七成之。天三生木。地八成之。地四生金。天九成之。天五生土。地十成之。

即是：生數為一、二、三、四、五。
成數為六、七、八、九、十。
天數為一、三、五、七、九。
地數為二、四、六、八、十。

河圖是圖形，洛書是方形，取天圓地方之象，茲列圖如下：

易圖：

河圖

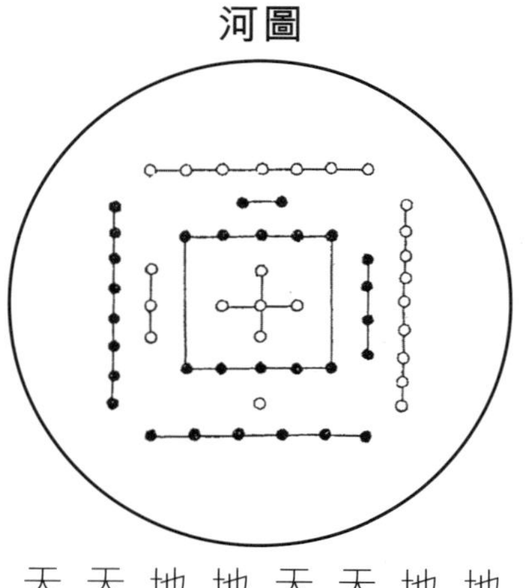

天一生水
地六成之
地二生火
天七成之
天三生木
地八成之
地四生金
天九成之
天五生土
地十成之

洛書

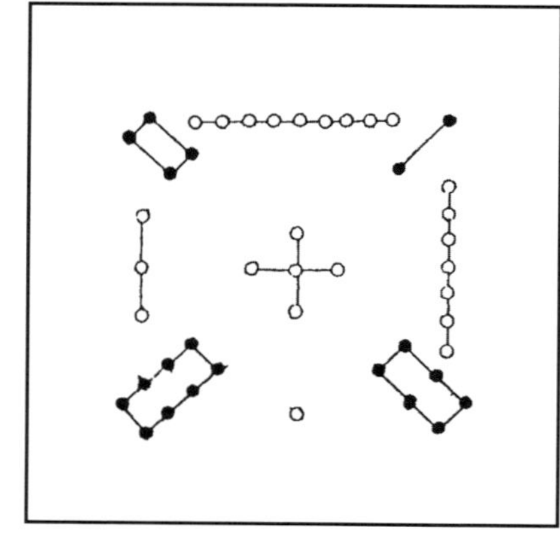

載九履一
左三右七
二四為肩
六八為足
五居其腹

當先天卦數變為後天卦位時，則「乾九、坎七、艮六、震八」在北面，範圍由廿四山之戌山至乙山，而「坤一、巽二、離三、兌四」在南面，範圍由廿四山之辰山至辛山，一、二、三、四之數為陰，為女卦之數，六、七、八、九之數為陽，為男卦之數。

茲列圖表如下：

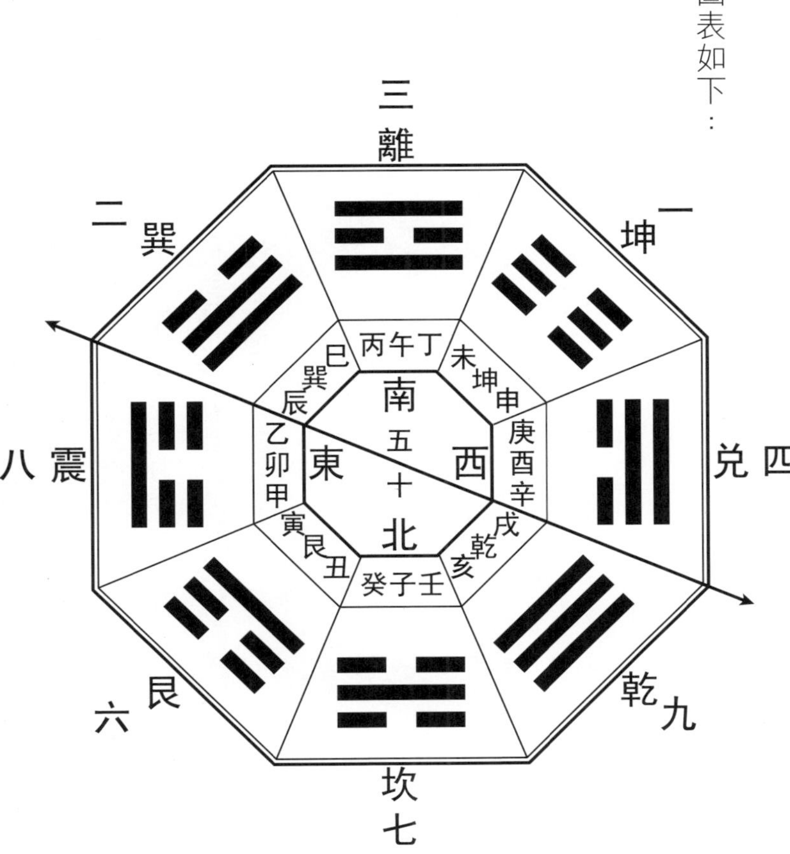

廿四山之中，以「戌」山位於後天乾卦宮位，是陽卦向左旋之開始位置，而「辰」山位於後天巽卦宮位，是陰卦向右旋轉之開始位置，故此「辰、戌」二山為陰陽交界之處，是生成數之分界點，故稱為「天羅地網位」，或作「天罡地網位」，故天干之貴人不臨該處，而貴人之原理是根據先後天八大卦之坤卦在先後天卦位作開始，以「己」干在子山位為先天坤卦位，順時鐘方向而排出地支所屬之陽貴人，以「己」干在申山位後天坤卦位，逆時鐘方向而排出地支所屬之陰貴人。

綜合此論，辰、戌二山為陰陽交界處，故貴人不臨。

寫一偈曰：

天地卦數
生成男女
辰戌為界
貴人不臨

（十九）文昌及文曲排法及真文昌、真文曲求法

繼大師

「文昌」是道家尊神「文昌帝君」的尊稱，佛號是「善光佛」，專主理人間功名讀書考試等天職，「文昌」又是斗魁上六星的總稱。《史記——天官書》曰：

「斗魁戴匡六星曰文昌官」

而「文昌帝君」又名「梓潼帝君」，民間亦建有文昌廟，香港上環荷李活道建有「文武廟」，供求功名者膜拜。

「文曲星」舊時傳說為文運的星宿，唐、裴庭裕所著《東觀奏記》下有曰：

「初，日官奏文昌星暗，科場當有事。」

古人仰觀星象，見「斗魁戴匡六星」生暗，即預知在科場有事發生。在《水滸——引首》說：

「文曲星乃是南衙開封府主龍圖閣大學士包拯，武曲星乃是征西夏國大元帥狄青。」

中國古代五術風水中傳有《紫白訣》，是依據河圖洛書所演繹而來，以洛書九星依年、月、日、時而排列入中宮位，依洛書數作順逆飛臨各方九宮位而定吉凶，其中在元末，有無著大士所著《紫白原本錄要》首句有云：

「四一同宮。準發科名之顯。」

在洛書九星中，以一星屬白色坎水為貪狼星，以四星屬綠色巽木為文曲星，若年、月之紫白一、四星在其宮中相會而山勢環境佳的話，則居住者易得功名。（此法是純粹的紫白訣，而沈氏玄空取而用之，已亂了法統。）

在正五行擇日法中，有干支上排出之文昌及文曲，文昌星之古法排列口訣是：

甲乙巳午報君知
丙戊申宮丁己雞
庚豬辛鼠壬逢虎
癸人見兔入雲梯

此法口訣的解釋是：

甲干——文昌在巳
乙干——文昌在午
丙、戊干——文昌在申

丁、己干——文昌在酉
庚干——文昌在亥
辛干——文昌在子
壬干——文昌在寅
癸干——文昌在卯

至於文曲星的排法，筆者繼大師亦撰有一口訣，恭錄如下：

甲乙亥子文曲星
丙戊寅宮丁己兔
庚蛇辛馬壬逢猴
癸人見雞登科途

文曲口訣的解釋是：

甲干——文曲在亥
乙干——文曲在子
丙、戊干——文曲在寅
丁、己干——文曲在卯
庚干——文曲在巳
辛干——文曲在午
壬干——文曲在申
癸干——文曲在酉

正五行擇日法中，亦有文昌星及文曲星的掌訣排法，學者只需記著十二地支在手掌上的固定位置，將天干的「甲」記著在何位上，除「辰、戌、丑、未」四支不取用外，將甲在十二地支的開始位上順飛各支，以丙、戊及丁、己重飛便是，掌訣能快速求得文昌、文曲星也。

文昌掌訣圖：

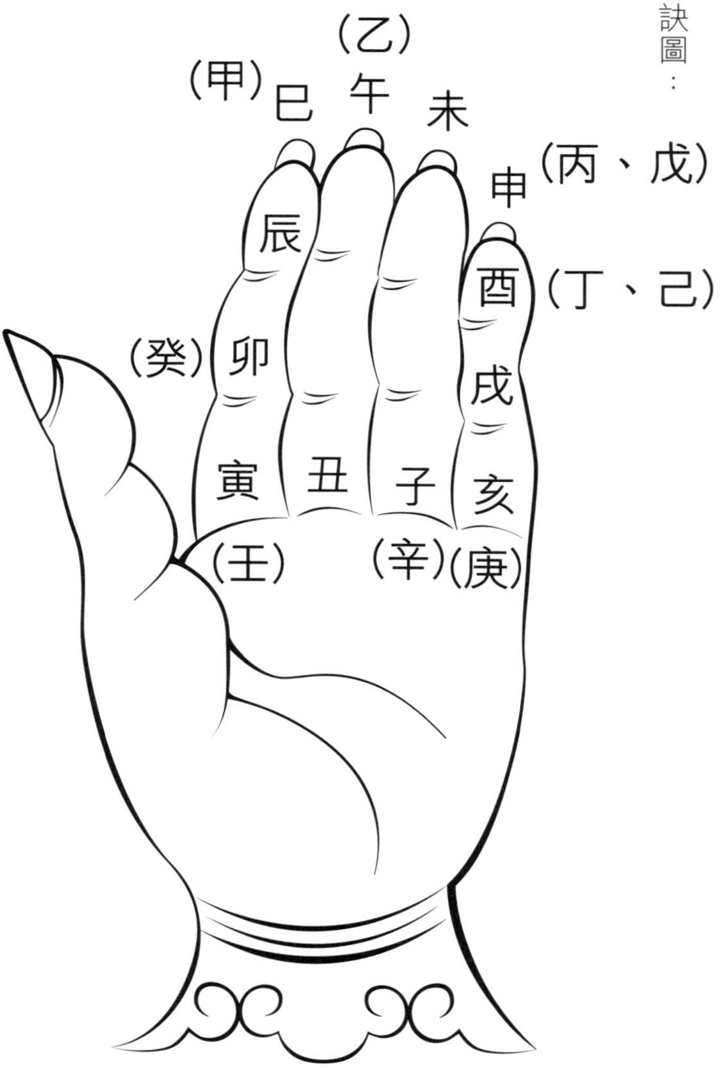

(甲)
巳
(乙)
午
未
申
(丙、戊)
辰
酉
(丁、己)
(癸)
卯
戌
寅
丑
子
亥
(壬)
(辛)
(庚)

文曲掌訣圖：

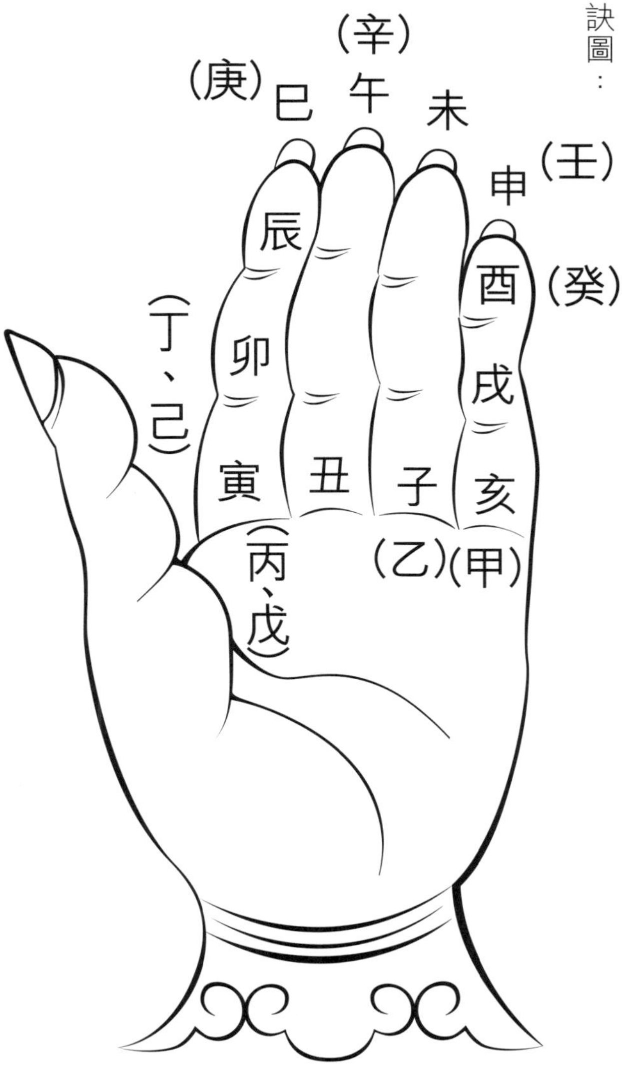

(庚) 巳 (辛) 午 未 (壬) 申
辰 酉 (癸)
(丁、己) 卯 戌
寅 丑 子 亥
(丙、戊) (乙) (甲)

我們將本命祭主生年推算出文曲及文昌星所屬地支後，再以祭主生年天干，以五虎遁年上起月法求取其文曲及文昌星之天干，便是「真文曲、真文昌」也。舉一例如下：

如「甲子」年生人，其文昌在「巳」支上，文曲在「亥」支上，以甲年生人起丙寅月（年上起月法），順推丁卯、戊辰、己巳、庚午、辛未、壬申、癸酉、甲戌、乙亥……故此甲子年生人是：

真文昌在「己巳」，真文曲在「乙亥」。文曲、文昌是在對宮即對沖之方，故此，若首先起出真文昌，然後順推或逆推六位，便知真文曲也。

茲列表如下：

表廿六：真文昌、文曲表

年干	文昌	文曲
甲	己巳	乙亥
乙	壬午	戊子
丙	丙申	庚寅
丁	己酉	癸卯
戊	庚申	甲寅
己	癸酉	丁卯
庚	丁亥	辛巳
辛	庚子	甲午
壬	壬寅	戊申
癸	乙卯	辛酉

（廿）三德齊臨月之原理及取法

繼大師

「三德」是天德、月德及歲德，其原理是以「甲、戊、丙、庚、壬」五個陽天干得陽位而為天德，即是本身具德，古人之理論以「陽者為君，陰者為臣，君德自處，臣德從君，所理之地，萬福成集，眾殃自避。」

「歲德」是太歲所屬干支之天干之方，以：

「甲、丙、戊、庚、壬」干在本位上，以「乙、丁、己、辛、癸」干在天干所合之干位上。

「歲德合」則以太歲陽天干之合干，及太歲陰天干所合之天干，以「乙、丁、己、辛、癸」干之本身干位上，以「甲、丙、戊、庚、壬」干所合之干便是。

茲列表如下：

表廿七：歲德及歲德合表

年干	歲德	歲德合
甲	甲	己
乙	庚	乙
丙	丙	辛
丁	壬	丁
戊	戊	癸
己	甲	己
庚	庚	乙
辛	丙	辛
壬	壬	丁
癸	戊	癸

「天德」是陽干之五行，與地支三合局中之五行相同，而地支三合之土支（辰、戌、丑、未。）月便是天德之月，亦是三德齊臨之月，例如：

甲干是陽木——地支「亥、卯、未」三合木局，故亥、卯、未月之「月德」在甲，其「月德合」在己。

丙干是陽火——地支「寅、午、戌」三合火局，故寅、午、戌月之「月德」在丙，其「月德合」在辛。

壬干是陽水——地支「申、子、辰」三合水局，故申、子、辰月之「月德」在壬，其「月德合」在丁。

庚干是陽金——地支「巳、酉、丑」三合金局，故巳、酉、丑月之「月德」在庚，其「月德合」在乙。

茲列圖如下：

月德圖：

巳
酉
丑
三合金局
在月
庚德

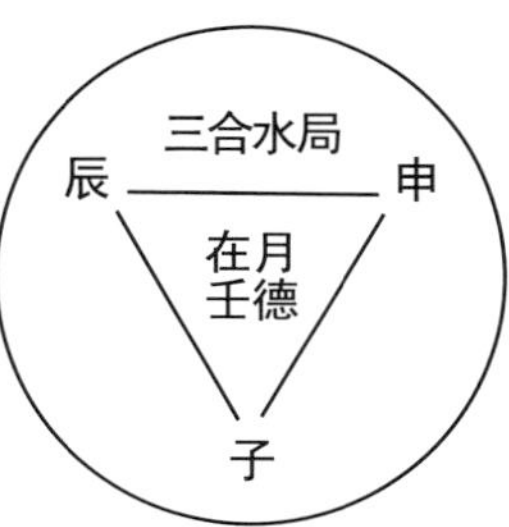

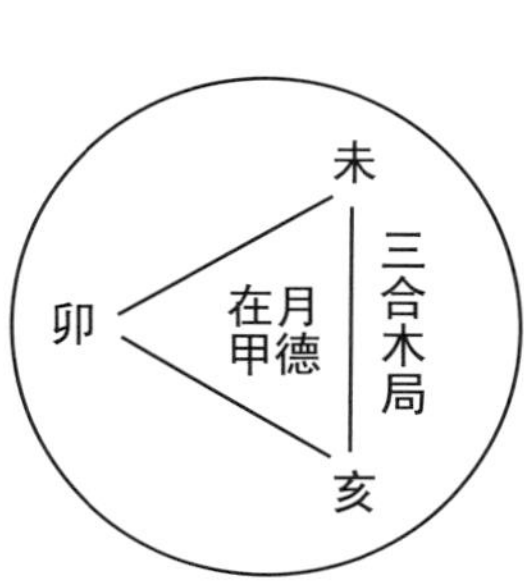

表廿八：月德及月德合表

月份	地支	月德	月德合
正	寅	丙	辛
二	卯	甲	己
三	辰	壬	丁
四	巳	庚	乙
五	午	丙	辛
六	未	甲	己
七	申	壬	丁
八	酉	庚	乙
九	戌	丙	辛
十	亥	甲	己
十一	子	壬	丁
十二	丑	庚	乙

「三德」是擇日中的吉神，若擇日取其月份而相就，則能使「三德」吉神全取之，即是：

甲、己天干之年——取未月

丙、辛天干之年——取戌月

庚、乙天干之年——取丑月

壬、丁天干之年——取辰月

則「辰、戌、丑、未」月是各干支年之「天德、月德、歲德」三德齊臨之月，眾多吉神聚於月令內，而再取吉日吉時擇日用事，則事半功倍也。

茲列表如下：

表廿九：三德之月表

	天德、月德、歲德三德齊臨之月
甲己年	未月
丙辛年	戌月
庚乙年	丑月
壬丁年	辰月

「天德」中，又以月柱地支為主，亦即月令之地支，在胡暉先生著《選擇求真》卷七（玄學出版社第二一一頁）有云：

天德者。三合之氣也。如正、五、九月。建寅午戌合火局，故以火為德。

正月丁，九月丙，五月乾戌，火墓在乾宮也。（在廿四山方位中，以戌乾二山夾亥，為西北方之乾宮，所以五月之天德在「亥」。）

二、六、十月建卯、未、亥合木局，故以木為德，六月甲、十月乙，二月坤，木墓在坤宮也。（在廿四山方位中，以未、坤、申三山為坤宮西南方，所以二月之天德在「申」。）

三、七、十一月建辰、申、子合水局，故以水為德，三月壬，七月癸，十一月巽辰，水墓在巽宮也。（在廿四山方位中，以辰、巽、巳三山為巽宮東南方，所以十一月之天德在「巳」。）

四、八、十二月建巳、酉、丑合金局，故以金為德，四月辛，十二月庚，八月艮，丑金墓在艮宮也。（在廿四山方位中，以丑、艮、寅三山為艮宮東北方，所以八月之天德在「寅」。）

以上各十二個月令地支，除了以所屬五行之天干為天德外，子、午、卯、酉四仲月是以「寅、申、巳、亥」四地支為天德，所以在各個月支中，「天德」是可分出天干及地支的。

茲列表如下：

表卅：月支天德表

月份	正	二	三	四	五	六	七	八	九	十	十一	十二
地支	寅	卯	辰	巳	午	未	申	酉	戌	亥	子	丑
天德	丁	申	壬	辛	亥	甲	癸	寅	丙	乙	巳	庚

（廿一）吉神、凶神的分類

繼大師

天干與地支之陰陽五行互相產生變化，因而產生不同之吉神及凶神，簡稱為「神煞」，擇日以祭主生年之干支為「命年」，以「命年」為主，以墳碑、神位、大廈、房屋為坐，以「坐山」為主，擇日日課生旺之，避開沖犯祭主之「命宮、胎元」等，又以吉神為吉，凶神為凶，兩者是：

吉神——日課干支之陰陽五行同旺（比肩）、生旺（正印）祭主及坐山，即為「扶山相主」，得取：天祿、天馬、貴人、文昌、文曲、三德、三奇貴人等為吉。

凶神——三煞（劫煞、災煞、歲煞）、都天夾煞，五黃二黑（紫白年星、月星之飛臨）、空亡、陽刃、梟神、劫財、七煞、歲破、大月建等為主要之凶神。

另外還有無數細小之吉神及凶神，難以盡述，但若有極吉之吉神，如天德、月德、歲德、天乙貴人、天上三奇、地下三奇、人中三奇等諸天大吉神，亦可化解不少細小的神煞，但亦要依陰陽五行之生剋為主要依據。

深入一些的擇日法，是：

（一）以《正五行擇日法》為根本理論，配以流年、流月的洛書紫白九星飛臨之宮位，以一白、六白、八白、九紫為吉。

（二）以《正五行擇日法》為主，配以太陽、太陰出現之日及出現在何時何分而化解二黑、五黃等諸大煞。

（三）以《正五行擇日法》為主，配取真貴人、真天祿、真天馬、真文昌、真文曲在流年、流月所飛臨之吉方方位。

無論是「紫白、太陽星、太陰星、飛宮之貴人祿馬」，均是吉神，可化解凶星也。

以上之高級擇日法，可參閱筆者繼大師之拙作「紫白口訣、正五行擇日進階」等書。

寫一偈曰：

五行神煞
深明不惑
吉神之最
太陽紫白

（廿二）梟神、劫財、陽刃及七煞等凶神之原理　繼大師

在《正五行擇日法》中，以梟神、劫財、陽刃及七煞等為凶神，這是以用事人（祭主）之出生年命之干支、胎元、命宮為主，擇日生旺則吉，遇這凶神則凶。

梟神

「梟神」即是偏印，是同陰陽生我者之干支，例如「甲寅」年生人，壬水生甲木，亥水生甲木，壬、亥亦生寅木地支，大家均同陰陽，所以壬、亥是「甲寅」生年干支的梟神，梟神並不是大凶神，它之所以被用為不吉，是因為「梟神」能尅「食神」，「食神」被喻為子息，若在日課中有三個或以上，則能傷子息。這說法應用在祖先下葬時的日課尤應驗，而擇日用於結婚亦要避免太多梟神在日課出現。

在胡暉先生著《選擇求真》（玄學出版社卷二第五十三頁）有一則記載，云：

「昔有一人為己未造主（祭主年命是己未年生）。作亥山巳向屋。用四丁未（指年、月、日、時均用丁未干支）。以為天地同流格。喜甚。造後二子俱亡。己足瘋發。

或問曰。是課古人之所用為吉。何也。蓋主命之所合不同也。以己未生命。見四丁為梟神。四丁印又到未命。而四未又是己命之刃（指陽刃，稍後會詳解）。梟刃眾黨。安得不大凶。」

這梟神雖生祭主年命，但此日課四丁干之陽刃到己未命之未支，因為梟神尅食神，再加上陽刃凶神，所以便大凶。筆者繼大師認為：

「日課中有一梟神則無妨，有兩個亦不算什麼大凶，但要視乎日課中有沒有其他干支五行與其梟神化合，若產生天干五合、地支六合、地支三合則可能是大吉之象，這是原則理法，但要綜合同看始可論吉凶。若日課有三個梟神亦要避免了。」

（梟神有兩種說法，（一）丁之梟神在巳。（二）丁之梟神在未。）

劫財

「劫財」是同五行而不同陰陽，如「甲寅」生年祭主，則乙卯是同五行而不同陰陽，所以日課有四個乙卯則不適合「甲寅」生年祭主，劫財是凶神，其解釋是好比夫妻，丈夫賺錢而妻子散其財產一樣，同其五行則得其五行氣，不同陰陽則取其旺氣，故日課不宜太多劫財出現，以筆者繼大師經驗，日課中最多出現兩個單獨之劫財是可以的，單獨的出現是指沒有與日課中其他干支產生化合，若出現三個或以上的劫財則凶矣。

陽刃

「陽刃」是指祭主生年年命之天干與日課中的地支關係，其地支在祭主生年祿位之前一支，其原理是以天干為主，與其同五行而不同陰陽之地支即是，同五行中，陽以陰為煞，陰以陽為煞，即是：

甲之祿在寅——同五行，同屬陽木。
甲之刃在卯——同五行，不同陰陽。

乙之祿在卯——同五行，同屬陰木。
乙之刃在寅——同五行，不同陰陽。

丙、戊之祿在巳——雖不同五行，但火生土，土居中，故有火、土同氣之説，同陰陽。

丙、戊之刃在午——雖不同五行，但火生中土，故有火、土同氣之説，不同陰陽。

丁、己之祿在午——雖不同五行，但火生土，土居中，故有火、土同氣之説，同陰陽。

丁、己之刃在巳——雖不同五行，但火生中土，故有火、土同氣之説，不同陰陽。

庚之祿在申——同五行，同屬陽金。
庚之刃在酉——同五行，不同陰陽。

辛之祿在酉——同五行，同屬陰金。
辛之刃在申——同五行，不同陰陽。

壬之祿在亥——同五行，同屬陽水。
壬之刃在子——同五行，不同陰陽。

癸之祿在子——同五行，同屬陰水。
癸之刃在亥——同五行，不同陰陽。

茲列表如下：

表卅一：天干陽刃表

天干	陽刃
甲	卯
乙	寅
丙	午
丁	巳
戊	午
己	巳
庚	酉
辛	申
壬	子
癸	亥

以上之「天干陽刃表」是以正五行之陰陽，又以天干對地支的關係而言，而「陽刃」的學說中，有另一派之說法，此說法是不同陰陽，只求順行而將陽刃而順推，這是「以辰戌丑未為神煞」。即是：

「甲刃在卯，乙刃在辰，丙、戊刃在午，丁、己刃在未，庚刃在酉，辛刃在戌，壬刃在子，癸刃在丑。」

茲列圖如下：

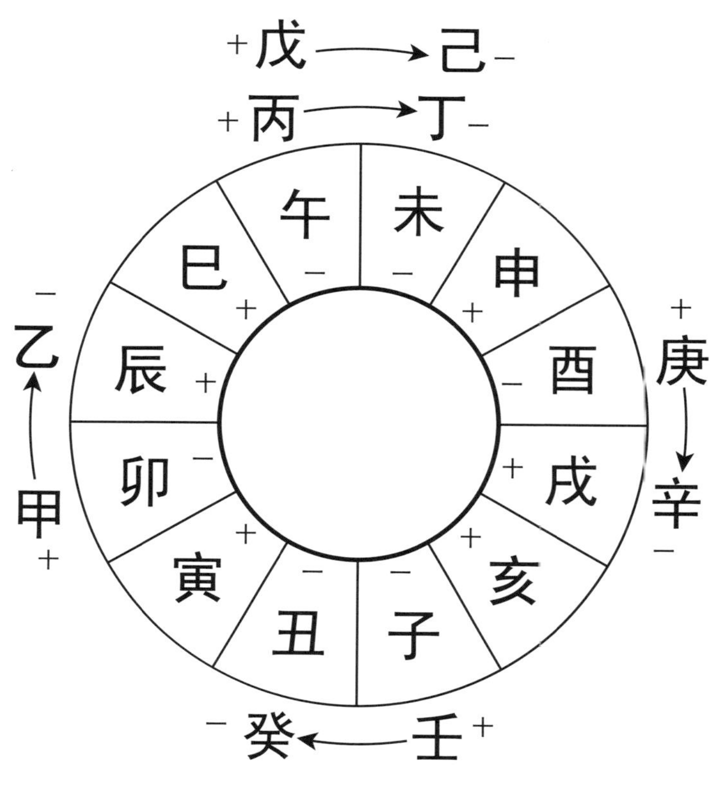

天干之陽刃順行圖

此說法見於《選擇求真》內之卷六第一七五至一七六頁，茲錄如下：

「天干刃位，甲刃在卯，乙刃在辰，丙戊刃在午，丁己刃在未，庚刃在酉，辛刃在戌，壬刃在子，癸刃在丑。」

此順行天干在地支之陽刃，與正五行陰陽所推出之陽刃，其分別在於地支之：

正五行陰陽之陽刃——乙刃在寅，丁、己刃在巳，辛刃在申，癸刃在亥。

天干順時鐘方向推出之陽刃——乙刃在辰，丁、己刃在未，辛刃在戌，癸刃在丑。

兩者分別是在於：

乙、丁、己、辛、癸——陽刃在「寅、申、巳、亥」。

乙、丁、己、辛、癸——陽刃在「辰、戌、丑、未」。

在段方先生所編著《白話命學淺說》上海書局出版社第五頁錄有「天干陽刃表」，其表是以天干之陰陽五行定地支的陽刃，故名思義「陽刃」是陰為主而陽比喻刀鋒利的地方，即「刃」也，而陽以陰為煞，陰以陽為煞，這是「正五行之神煞」。

茲將以天干陰陽定地支陽刃原理，以圖例解釋如下：

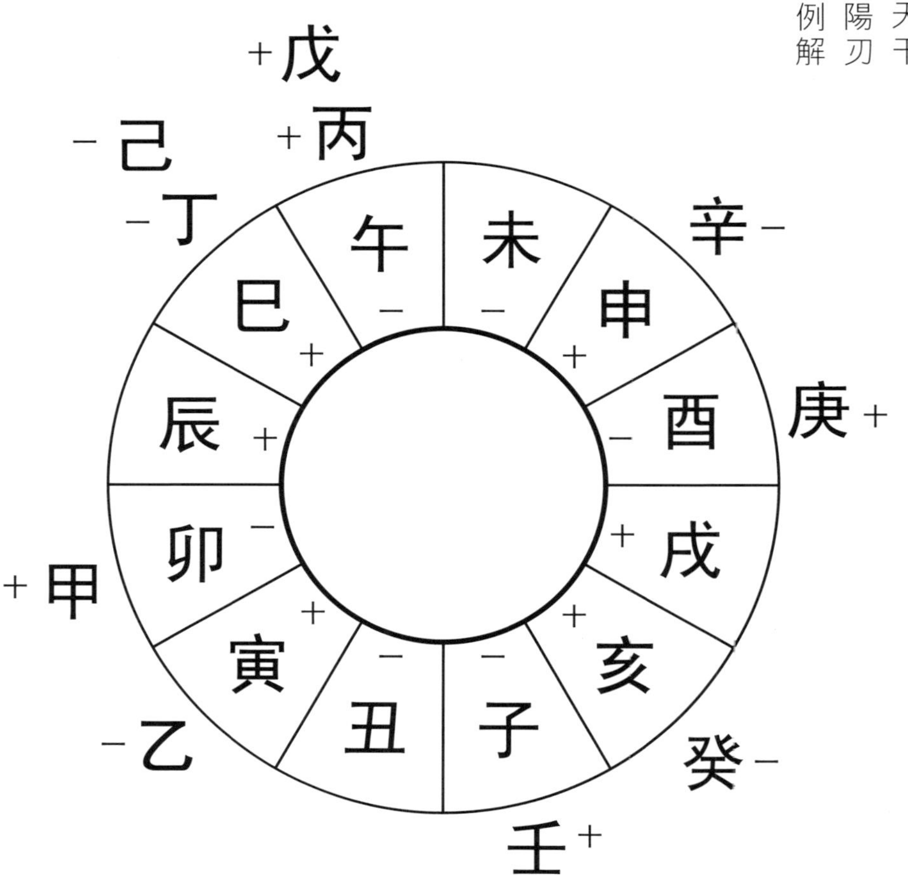

天干以陰陽定地支陽刃圖

以上兩種說法，等於地支陰陽之兩種說法相同，即：

（一）子、午屬陽，亥、巳屬陰——順時鐘之陰陽推排。

（二）子、午屬陰，亥、巳屬陽——以天干之陰陽順推於地支之排列。

由於《正五行擇日法》以干支的五行為根本理論，故筆者繼大師之選用是：

（一）以天干陰陽定地支之陽刃——以「寅、申、巳、亥」為「乙、丁、辛、癸」天干之陽刃。

（二）以「子、午」屬陰，「巳、亥」屬陽作準則。

七煞（偏官）

「七煞」是天干向前順數第七位，天干陽尅陽、陰尅陰是煞，故稱「七煞」或「七殺」。或「偏官」，即是：

甲——以庚干為七煞，以申支為七煞。（若日課本身有申支而沒有被其他干支尅制，對於祭主年命而言則屬七煞，若有其他支與申化合而變作其他五行之屬性，則作化合之五行論，如日課中有巳與申合水，則作水而論，水生甲木，則反而成了甲之正印，以下各天干之地支七煞以此同論。）

乙——以辛干為七煞，以酉支為七煞。

丙——以壬干為七煞，以亥支為七煞。

丁——以癸干為七煞，以子支為七煞。

戊——以甲干為七煞，以寅支為七煞。

己——以乙干為七煞，以卯支為七煞。

庚——以丙干為七煞，以巳支為七煞。

辛——以丁干為七煞，以午支為七煞。

壬——以戊干為七煞，以辰、戌為七煞。

癸——以己干為七煞，以丑、未為七煞。

茲列表如下：

表卅二：天干所屬七煞表

本身天干	天干七煞	地支七煞
甲	庚	申
乙	辛	酉
丙	壬	亥
丁	癸	子
戊	甲	寅
己	乙	卯
庚	丙	巳
辛	丁	午
壬	戊	辰戌
癸	己	丑未

在「正五行擇日法」中，祭主及坐山之年命切忌日課中有兩個或以上的七煞出現，若一個七煞則無妨。例如「甲子」年命生人，有屋或墳碑坐甲山向庚方，則以「甲」為主，若選取有兩個庚、申之日課則凶也。

同日課擇於西曆二零二零年四月五日巳時（上年十時）用事，日課四柱是：

庚子　年
庚辰　月
戊寅　日
丁巳　時

日課年、月出現共兩庚干而尅「甲辰」命人及甲山之坐山，凶力雖不大，但有一定凶之尅應，宜避免之。

若日課改為同年之西曆五月廿九日辰時，則屬辛巳月，因五月五日始交立夏而入農曆巳月，其日課四柱八字是：

庚子　年
辛巳　月
壬申　日
甲辰　時

此日課只得庚年干為甲命之七煞，天干是順年月日時，以金生水，水生甲木，地支「申」雖是「甲」命之七煞，但「巳」月支合「申」日支成六合化水（巳、申合水），故不作申金七煞論。此日課生旺甲子人命及甲山命也，故屬大吉。

人命之天干及地支均要注意，避免日課來沖尅，日課以日干支為主，月、年、時之干支為次，但其首要注意的是年日課是否天尅地沖祭主生年，是謂之沖犯太歲，若一定要在沖太歲年用事，則要小心，宜以日課之月、日、時化合太歲，使太歲不直接沖尅祭主年命，雖云日課日干支為重，其實是日課四柱均要顧及也。

寫一偈曰：

干支神煞
凶神調和
日課化合
相主扶山

（廿三）日課四柱中之空亡

繼大師

日課四柱均以十天干十二地支所排成之六十花甲所組成，天干十個，與地支每排列十個一組干支為「一旬」，共有六旬，所餘兩個地支，稱為空亡，例如由甲子排至癸酉，稱為「甲子旬」，所餘地支兩個是「戌、亥」，故「戌、亥」支是甲子旬的空亡，即：

甲子旬——甲子、乙丑、丙寅、丁卯、戊辰、己巳、庚午、辛未、壬申、癸酉——戌、亥是空亡，因為在這十天干一組之外。

茲列表如下：

表卅三：六甲空亡表

	甲子旬	甲戌旬	甲申旬	甲午旬	甲辰旬	甲寅旬
	甲子	甲戌	甲申	甲午	甲辰	甲寅
	乙丑	乙亥	乙酉	乙未	乙巳	乙卯
	丙寅	丙子	丙戌	丙申	丙午	丙辰
	丁卯	丁丑	丁亥	丁酉	丁未	丁巳
	戊辰	戊寅	戊子	戊戌	戊申	戊午
	己巳	己卯	己丑	己亥	己酉	己未
	庚午	庚辰	庚寅	庚子	庚戌	庚申
	辛未	辛巳	辛卯	辛丑	辛亥	辛酉
	壬申	壬午	壬辰	壬寅	壬子	壬戌
	癸酉	癸未	癸巳	癸卯	癸丑	癸亥
空亡	戌亥	申酉	午未	辰巳	寅卯	子丑

在「甲子」旬中，有「壬申」干支，壬之祿在亥，而亥是「甲子」旬中的空亡支位，所以「壬申」之祿是空亡，即「亥」是「壬申」之「祿空」。

在「甲子」旬中，有「乙丑、己巳、癸酉」干支，地支「巳、酉、丑」三合金，其驛馬在「亥」支上，「亥」是甲子旬之空亡位，故此，「乙丑、己巳、癸酉」三個干支的驛馬空亡在「亥」支上。日課中在此三日，則是「亥」命之馬空日，若擇此三日出行，會容易有折足或有意外發生也。

在另一方面，若有屋、神廟、墳碑，是坐「亥山或戌山」而配「乙丑、己巳、癸酉」日之日課用事，則是坐山落驛馬空亡，擇「壬申」日則坐山「亥、戌」是祿空，擇「丙寅、丁卯」日則坐山「戌、亥」是貴空。

「空亡」是空空如也，凡山、人命犯之，吉者減吉，凶者減凶，擇日日課宜小心空亡也。

其餘各五旬中之空亡，其法與甲子旬之推法相同。

另外正五行擇日法中，以日干支之力為重，故此擇日用事宜檢查日干支是否是山、人命之空亡位。

寫一偈曰：

六旬空亡
各有所屬
貴人祿馬
勿落其中

茲列出天干空亡表如下：

表卅四：祭主天干年命在日課四柱之空亡表

祭主干命	日柱之陽貴空	日柱之陰貴空	日柱之祿空
甲命	甲寅日	甲申日	甲辰日
乙命	乙亥日	乙卯日	乙巳日
丙命	丙子日	丙寅日	丙申日
丁命	丁卯日	丁丑日	丁亥日
戊命	戊午日	戊子日	戊戌日
己命	己未日	己卯日	己丑日
庚命	庚申日	庚寅日	庚辰日
辛命	辛亥日	辛卯日	辛巳日
壬命	壬子日	壬寅日	壬申日
癸命	癸丑日	癸卯日	癸亥日

註：除「戊、己」干沒有坐山之外，此表之其餘八個天干之坐山與人命生年之空亡日是相同的。

（廿四）廿四山組成之原理

繼大師

羅盤又稱羅庚，是古代測量方位方向的工具，據説在軒轅黃帝與蚩尤大戰時，蚩尤作出毒霧，時黃帝不敵，後有九天玄女下降，教黃帝造指南車而打敗蚩尤，指南車便是羅盤的始祖，後由伏羲氏仰觀天地而劃卦，經文王、周公、孔子而完整易經著作，後以易經之六十四卦放在羅盤內，有內、外盤之設，稱為三元盤，在唐朝約公元八八零年間，有地師楊筠松，傳説為了方便配合在造葬時選取日課，遂將天干八個，除戊、己干在中土外，再加上四隅卦之「乾、坤、艮、巽」，及十二地支等排列成方位，以定方位之陰陽五行，這便產生廿四山方在羅盤上出現，古法羅盤之用法是：

「以三元六十四卦之外盤定吉凶元運，以內盤推算地運之變遷流佈。

以廿四山方作擇日之選取，量度墳碑、屋之坐方、穴之來龍方位屬廿四山何字，再以正五行擇日法選日課配合，以達到「扶山相主」為目的。」

到明末期間，有「平砂玉尺經」出現而流行，用廿四山之格位作向前半格疊排，再用廿四山之方位格數作後半格疊排，三種排列一并放入羅盤內，遂成天盤、人盤、地盤，以此作收山、出煞、立向（指配合來龍、收取吉峰、水口出位，以出煞水為吉，及墳碑之立向而取吉凶。）後三合家以署名元、劉秉忠所著之《平砂玉尺經》為三合派所尊崇之風水經典。（可參閱由蔣大鴻註《地理辨正疏》張心言疏，武陵出版，內

卷之五〈平砂玉尺辨偽〉第二七一頁。）

廿四山各字，它表示了五行屬性、陰陽、方位、月份等，故擇日是時間上之陰陽五行，廿四山是方位上之陰陽五行，不過兩者之天干、地支除「戊、己」干外，是相同的，只是廿四山加上「乾、坤、艮、巽」四隅卦罷了。讀者須注意兩者之分別，切勿混淆。

寫一偈曰：

廿四山方

時間干支

空時相配

八方祥和

外層廿四山方位圓圖：

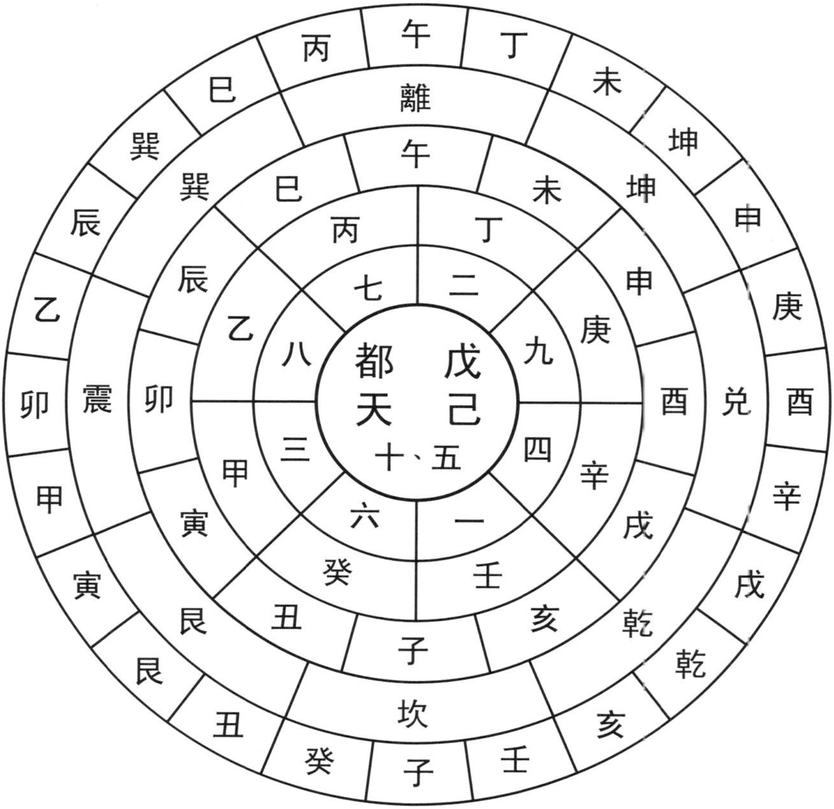

午 丁 未 坤 申 庚 酉 辛 戌 乾 亥 壬 子 癸 丑 艮 寅 甲 卯 乙 辰 巽 巳 丙

離 兌 坎 震

午 未 坤 申 酉 戌 乾 亥 子 丑 艮 寅 卯 辰 巽 巳

丁 庚 辛 壬 癸 甲 乙 丙

二 九 四 一 六 三 八 七

都 戊
天 己
十、五

錄自「河洛精蘊」
河圖包含八天干、
十二地支及四維（四隅卦）

（廿五）三煞方所形成之原理

繼大師

時間及方位上，古法均以干支作代表，在十二個地支中，有兩組組合而形成各組之五行，首先是方位之五行，即是「三會方」如下：

東方屬木——地支是：寅、卯、辰。
南方屬火——地支是：巳、午、未。
西方屬金——地支是：申、酉、戌。
北方屬水——地支是：亥、子、丑。

第二組地支是「三合方」所產生之五行屬性，即是：

木局——地支是：亥、卯、未。
火局——地支是：寅、午、戌。
金局——地支是：巳、酉、丑。
水局——地支是：申、子、辰。

茲列「三合方」及「三會方」圓圖如下：

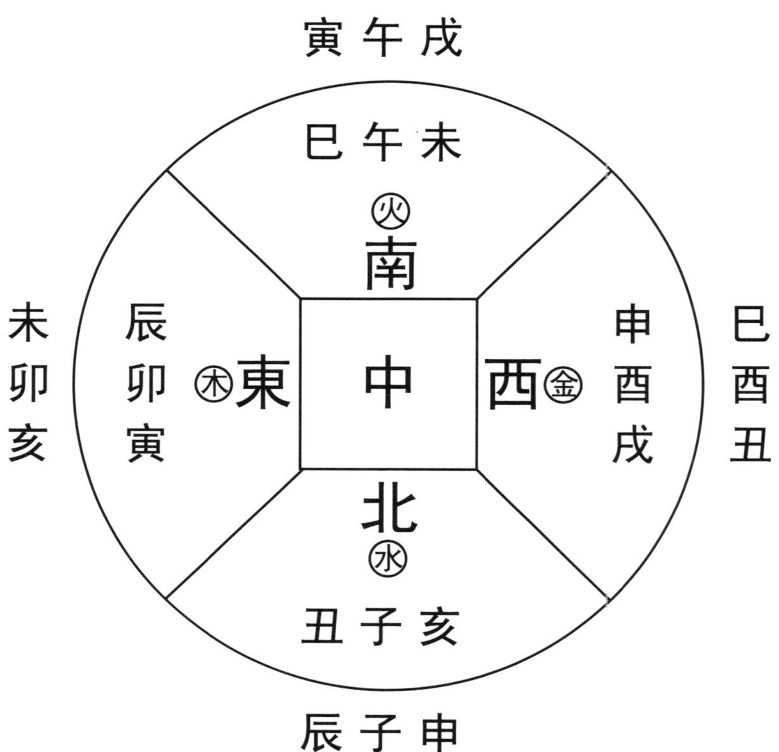

內為三會方之五行
外為三合方之五行

若三合之干支五行與三會之干支五行，彼此發生相尅，則煞便產生，其原則是：

「時間」是「三合」之組合

「方位」是「三會」之組合

若「時間」三合地支組合被三會方位地支組合相尅，則該「方位」便是這個「時間」之三煞方了。

茲解釋如下：

(一) 申、子、辰年、月、日、時——三煞方在南方，在廿四山方為「丙、午、丁」，「巳、未」為傍煞。

(二) 寅、午、戌年、月、日、時——三煞方在北方，在廿四山山方為「壬、子、癸」，「亥、丑」為傍煞。

(三) 亥、卯、未年、月、日、時——三煞方在西方，在廿四山方位「庚、酉、辛」，「申、戌」為傍煞。

(四) 巳、酉、丑年、月、日、時——三煞方在東方，在廿四山方位「甲、卯、乙」，「寅、辰」為傍煞。

三合局之地支，以「年、月」出現之三煞方之力量為重，一般在「日、時」出現之三煞方之力量為輕，而標準古法則以「三合之年支」為主，避免在三合年支的三煞方修造、動土等，三煞以坐為煞，以方位次之，而向「三煞方」則不忌，這單指向著「三煞方」之方位而言，例如「申、子、辰」年，三煞方在「丙、午、丁、巳、未」五方，若坐北方「子」方，若「子」方動土及修造則不忌，但切不可在「三煞方」南方五個廿四山方位動土、修造，是大忌也。

寫一偈曰：

三合三會
切忌沖尅
各具五行
避之則吉

茲列出各「三煞方」表如下：

表卅五：「三煞方」表

（一）
年、月、日、時之三合局地支
申 子 辰
三合水局沖午方
三會方地支剋時間地支而成時間之三煞方（三煞方包括天干、地支，即廿四山山方）
未——歲煞方
丁→大禍——為夾煞方
午——災煞方
丙→伏兵——為夾煞方
巳——劫煞方
（二）
年、月、日、時之三合局地支
寅 午 戌
三合火局沖子方
三會方地支剋時間地支而成時間之三煞方（三煞方包括天干、地支，即廿四山山方）
丑——歲煞方
癸→大禍——為夾煞方
子——災煞方
壬→伏兵——為夾煞方
亥——劫煞方

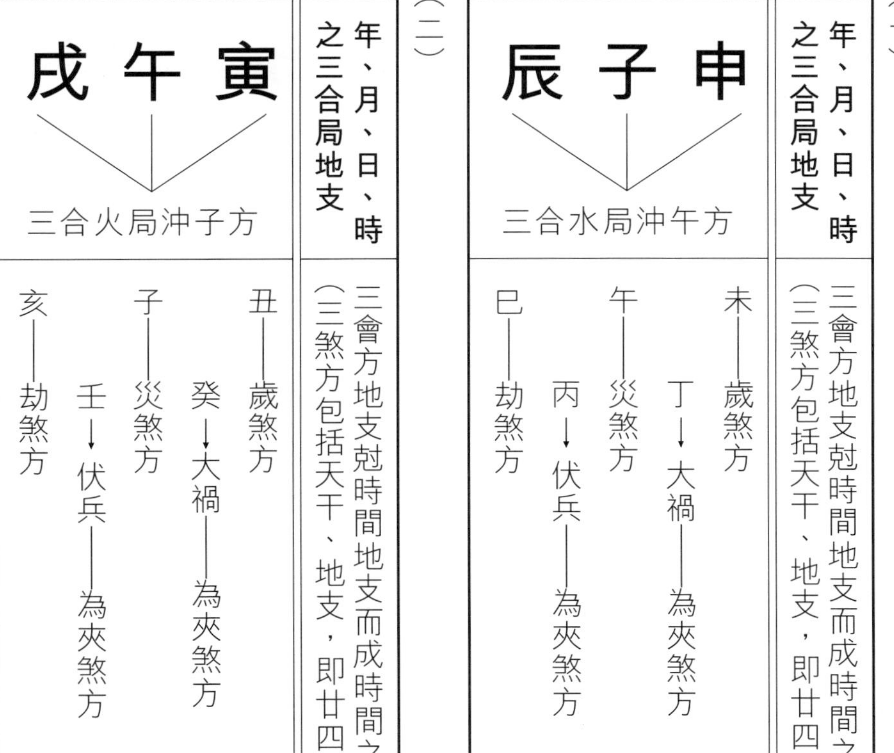

（三）

年、月、日、時之三合局地支
亥 卯 未
三合木局沖酉方
三會方地支尅時間地支而成時間之三煞方
（三煞方包括天干、地支，即廿四山山方）
戌—歲煞方
辛→大禍—為夾煞方
酉—災煞方
庚→伏兵—為夾煞方
申—劫煞方

（四）

年、月、日、時之三合局地支
巳 酉 丑
三合金局沖卯方
三會方地支尅時間地支而成時間之三煞方
（三煞方包括天干、地支，即廿四山山方）
辰—歲煞方
乙→大禍—為夾煞方
卯—災煞方
甲→伏兵—為夾煞方
寅—劫煞方

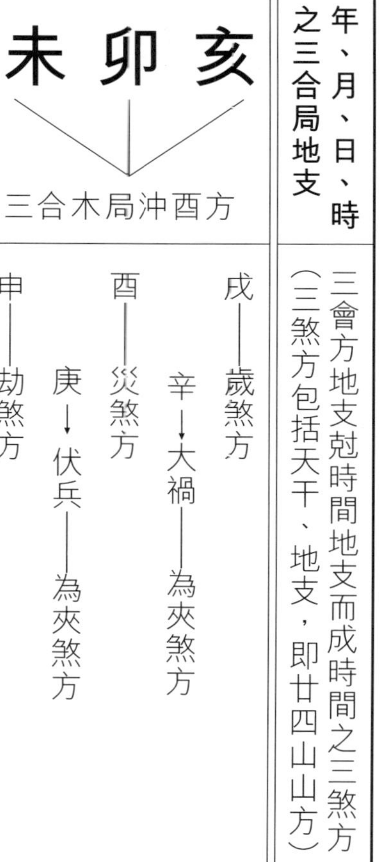

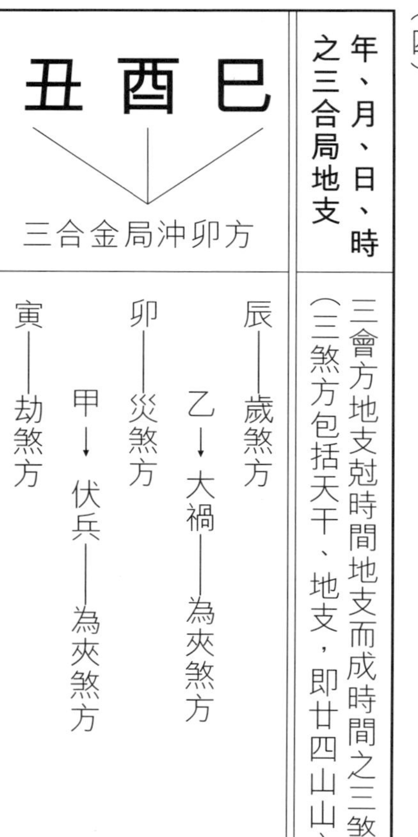

（廿六）廿四山之雙山五行類別及用法

繼大師

在廿四山之排列中，古法有「雙山五行」之說，在胡暉先生著《選擇求真》卷二論扶山（玄學出版社印行第四十一頁）有云：

「申子辰山宜用水局。則坤壬乙山亦宜用水局也。蓋壬子同宮。癸丑同宮。乾亥同宮。艮寅同宮。一干一支。各相配合。」

茲列出廿四山雙山五行圖如下：

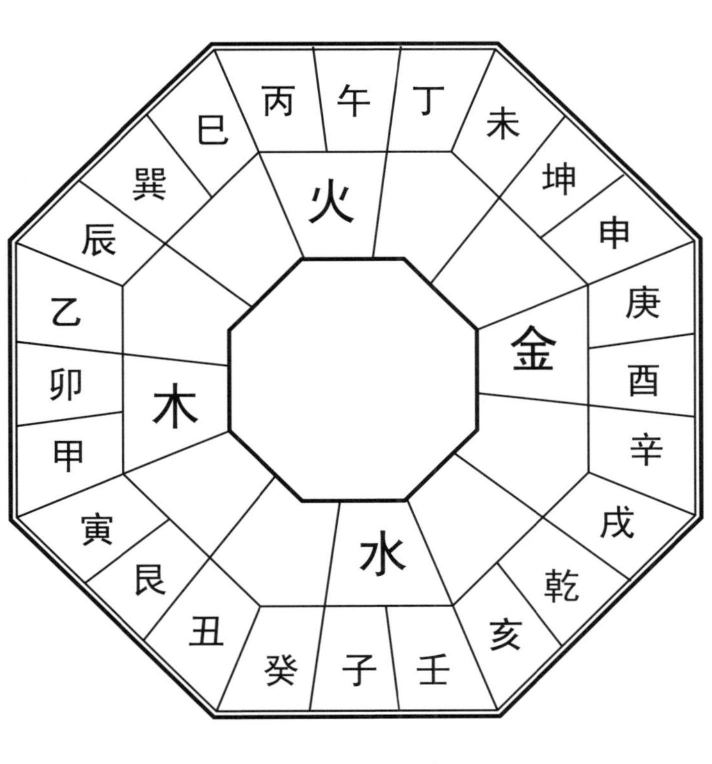

廿四山雙山五行圖

在廿四山之雙山五行中，只有四正位能夠同五行，有些是順生五行，有些是相剋五行，茲列其三種類別如下：

(一) 同五行的廿四山雙山：

水——壬、子。

木——甲、卯。

火——丙、午。

金——庚、酉。

(二) 順生五行的廿四山雙山：

木生火——巽生巳。

火生土——丁生未。

土生金——坤生申，戌生辛。

金生水——乾生亥。

(三) 逆剋五行的廿四山雙山：

土剋水——丑剋癸。

木剋土——寅剋艮，乙剋辰。

由於廿四山之雙山五行有以上三種五行關係，故此，在擇日扶山方面，日課之五行要生助其個別之廿四山山方五行，換句話説，雙山五行只通用於四正位，即「子壬、午丙、卯甲、酉庚」四組五行，例如日課擇日配「壬子」命人及「壬山」墳碑、房屋或神壇用事，日課取西曆二零一二年八月十九日申時（下午四時正）。日課四柱干支是：

壬辰 年
戊申 月
壬子 日
戊申 時

日課兩壬天干水，地支「申、子、辰」三合水局，雖有兩「戊干」土所剋，但地支三合水局為重，故日課水局同旺於「壬子」人命及「壬山」山命，故大吉，是為同五行為旺局，亦可配以「子山」山命，同旺故。

若此日課配以「癸、丑」雙山，則「癸山」同是水則可以也，但「丑山」屬土，則不可配此水局之日課。

若此日課配以「乾、亥」雙山，則「亥山」同屬水而同旺，但「乾山」屬金，金生水，所以乾山生日課之水局而洩乾山之氣，故此日課不能用。其餘各山則如此類推也。

雙山五行只可用於四隅卦之貴人，例如：

乙己之貴人在「申」，「坤申」同雙山，故乙己之貴人同在「坤、申」二山。

壬癸之貴人在「巳」，「巽巳」同雙山，故壬癸之貴人同在「巽、巳」二山。

辛干之貴人在「寅」，「艮寅」同雙山，故辛干之貴人同在「艮、寅」二山。

丙丁之貴人在「亥」，「乾亥」同雙山，故丙丁之貴人同在「乾、亥」二山。

日課可依照此原理而選取配合貴人。

茲例圖如下：

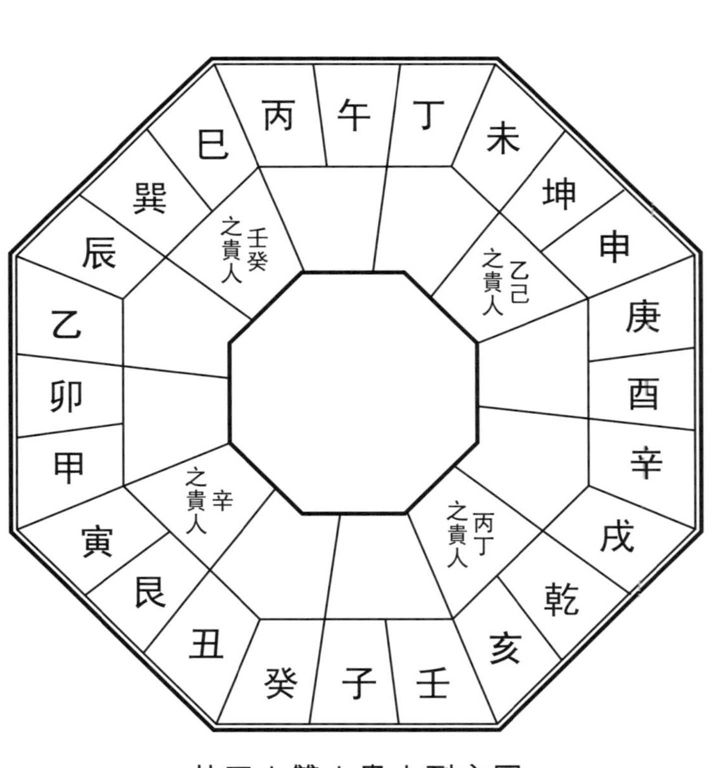

廿四山雙山貴人到方圖

在廿四山之雙山五行中，有些在時間上之吉神到廿四山方位時，有些並不適用的，例如：

例（一）

「辛」干之貴人在「寅、午」，寅與艮合雙山，艮是四隅卦，「午、丙」二山雖說是雙山五行，但只是同五行而論，而「辛」之貴人只到「午」支，並不到「丙」方，因貴人只是天干對地支的關係而言，並沒有天干貴人對回天干之道理，故「辛」干之貴人不能作到「丙方」而論。

例（二）

「辛」干之祿到「酉支」方，酉與庚同屬五行之金，只有「辛」干祿到「酉」方，並沒有「辛」干到「庚」方之理，所以雙山五行之排法，並非每組均能適用，它的用法，只適用於四隅卦，故時間上的十天干之貴人到方是：

壬、癸——貴人到「巽、巳」而不到「甲」方。

乙、己——貴人到「坤、申」而不到「壬」方。

丙、丁——貴人到「乾、亥」而不到「庚」方。

辛——貴人到「艮、寅」而不到「丙」方。

天干之祿是依陰陽五行而推算，故此時間上的十天干之祿是：

甲祿——到寅方，而不到「艮」方。

乙祿——到卯方，而不到「甲」方。

丙、戊祿——到巳方，而不到「巽」方。

丁、己祿——到午方，而不到「丙」方。
庚祿——到申方，而不到「坤」方。
辛祿——到酉方，而不到「庚」方。
壬祿——到亥方，而不到「乾」方。
癸祿——到子方，而不到「壬」方。

天干之陽刃亦是依陰陽五行而推算，故此時間上的十天干之陽刃是：
甲刃——到卯方，而不到「甲」方。
乙刃——到寅方，而不到「艮」方。
丙、戊刃——到午方，而不到「丙」方。
丁、己刃——到巳方，而不到「巽」方。
庚刃——到酉方，而不到「庚」方。
辛刃——到申方，而不到「坤」方。
壬刃——到子方，而不到「壬」方。
癸刃——到亥方，而不到「乾」方。

故此，在擇日配坐山或方位的時候，而使用廿四山雙山五行法，則要小心處理而配合祭主生年年命。

寫一偈曰：
雙山五行　順逆三種
四隅貴人　十干選用

（廿七）戊己都天煞方之原理及排法

繼大師

天干中的「戊、己」屬土，它只有在日課干支中出現，在廿四山山方中，它並沒有所屬的方向，故屬中間之宮位，由於沒有方向所屬，故此在日課中，「戊、己」二干所排出來的月柱地支，其支之方位，便為土煞，稱為「戊己都天煞」，凡修造戊己都天方，是犯煞也，尤以開山動土修屋修墳，切不可犯，「都天」指中心的宮位，意喻「天上的城都」。

戊己都天煞的排法如下：

以流年之天干，以五虎遁年上起月法排出月之干支，以戊、己干之坐下月支，其月支之方位，便是戊己都天煞方。

例如，甲年干流年，以五虎遁年上起月法排出月令干支，甲年以正月起「丙寅」，排出「丁卯、戊辰、己巳」，排至戊、己干，得知「辰、巳」二方是戊己干坐下地支，故此，「辰、巳」二方是戊己都天煞方。

有一些流年，它排出之「戊、己」支分別在年頭及年尾，故此會有兩個「戊、己」都天煞方，例如：

乙干流年，乙年起出月令干支如下：

「戊寅、己卯、庚辰、辛巳．．．．．．戊子、己丑。」

「乙、庚」年之排法均相同，而「戊、己」坐下月支均是：「寅、卯、子、丑。」故乙、庚干年之戊己都天煞有四個支方。

由於地支在廿四山是夾雜著天干、四隅卦，所以在戊己都天的支煞中所夾著之天干及四隅卦，便稱為「夾煞都天」，以「乙、庚」年為例，「寅、卯」支相夾著「甲」干，「子、丑」支相夾著「癸」干，故廿四山方之「甲、癸」方均是夾煞都天。

茲列圖如下：

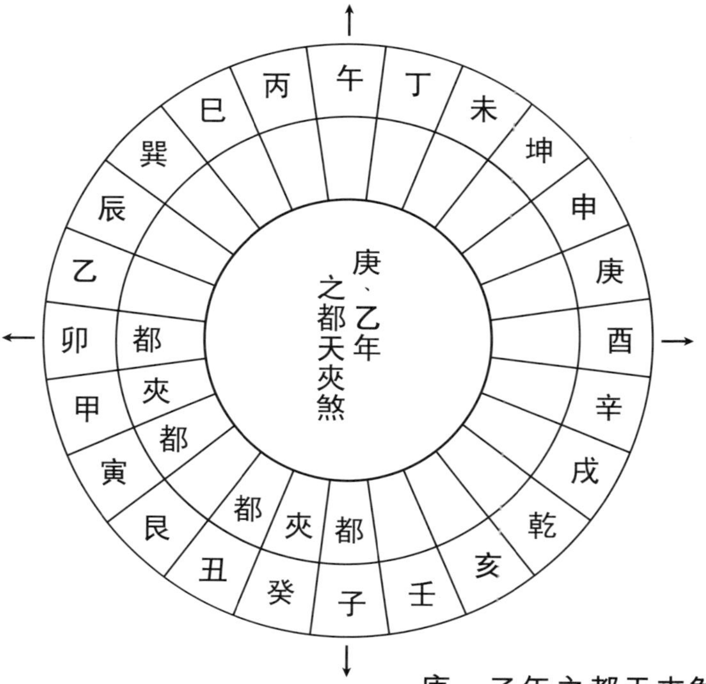

庚、乙年之都天夾煞

這「都天夾煞」與三煞方的演變原理雖不相同，但兩者均是以：

「時間上之干支，放在廿四山山方位置上而成煞方。」

這均是「時間」與「空間」的關係，擇日用事，宜要避開煞方，取吉方動工修造。

茲列出各年干之都天夾煞表如下：

表卅六：各年干之都天夾煞表

流年天干	戊都天方	己都天方	夾煞都天方
甲、己	辰	巳	巽
乙、庚	寅子	卯丑	甲癸
丙、辛	戌	亥	乾
丁、壬	申	酉	庚
戊、癸	午	未	丁

除戊己都天煞是土煞外，另外「土黃用事」之日、流年及流月之五黃二黑紫白到方等，均忌開山動土，亦是土煞，沖犯之人易生災禍。另有「土符、四離、四絕、土府、傍黃（五黃之兩傍廿四山方）」等，均忌動土用事。

（廿八）日課天干「合、尅、生」斷法

繼大師

日課四柱八字之天干，以日干為重，其餘為輔，兩者配合使用，天干以最近緊貼出現者影響為重，隔一字則影響為輕，首先將天干之生、尅、合列出如下：

表卅七：天干尅表

甲尅戊	己尅癸
乙尅己	庚尅甲
丙尅庚	辛尅乙
丁尅辛	壬尅丙
戊尅壬	癸尅丁

表卅八：天干生表

甲生丙丁	己生庚辛
乙生丙丁	庚生壬癸
丙生戊己	辛生壬癸
丁生戊己	壬生甲乙
戊生庚辛	癸生甲乙

表卅九：天干五合表

甲己 土	己甲 土
乙庚 金	庚乙 金
丙辛 水	辛丙 水
丁壬 木	壬丁 木
戊癸 火	癸戊 火

茲列出日課天干順生之例如下：

例（一）：

甲　年－木
丙　月－火
戊　日－土
庚　時－金

（甲生丙，丙生戊，戊生庚；木生火，火生土，土生金）

年、月、日、時之天干是甲木生丙火，丙火生戊土，戊土生庚金，所以是：

年干「甲」不尅日干「戊」，月干「丙」不尅時干「庚」。

例（二）：

甲　年－木
丁　月－火
己　日－土
辛　時－金

（甲生丁，丁生己，己生辛；木生火，火生土，土生金）

年干「甲」木生月干「丁火」，「丁」火生「己」日干，「己」土生「辛」時干，

所以金最強，因此：

年干「甲」不能與「己」日干合土，「丁」月干不尅時干「辛」。

在日課順生之中，亦可以由時干順生至年干，茲列例如下：

例（三）：

生	生	生	
辛	戊	丁	乙
年—金	月—土	日—火	時—木
生	生	生	

時干「乙」木生日干「丁」火，「丁」火生月干「戊」土，「戊」土生「辛」年干，金最強也，因此：

「乙」時干木不尅「戊」月干，「丁」日干火不尅「辛」年干金。

在日課天干中，以緊貼之兩干最為有力，又以「年、月」及「日、時」各可為一組，若各組天干為天干五合而成另一所屬五行，則可構成相生之現象，例如：

例（四）：

時	日	月	年
乙	庚	己	甲

金合（庚、乙）　土合（甲、己）

土 生 金

年、月干「甲、己」五行化土，日、時干「庚、乙」五行化金，則「化合土」生助「化合金」，所以金非常旺也，而「己」月干不作個別土干而生旺「庚」日干論。

在天干之化合中，亦可以產生相剋，例如：

例（五）：

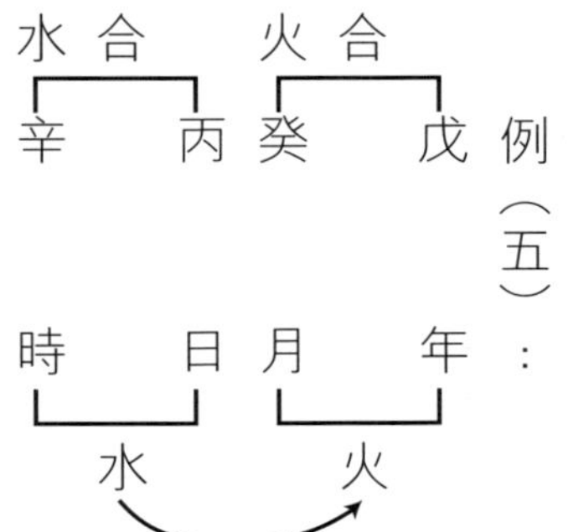

日、時干「丙、辛」五行化合水，年、月干「戊、癸」化合火，水剋火，故不吉。而「癸」月干不作個別水干而剋「丙」火日干論。

日課之選取，其原則是：

「干支要有主要的五行，是順生或逆生均可，切不可各有相沖、相剋，或化合後而相剋，要有格局，五行所屬是清晰的，如木或木火，水或水木，皆是相生或同氣格，切不可如金木或火金，或水火，互相相剋是不吉的，擇日日課宜留意，免犯這破格之日課。」

日課之干支，有時候是隔一位而受生或化合的，舉例如下：

例（六）：

戊　年
己　月
癸　日
甲　時

年、日是「戊、癸」干，相隔之月、時是「己、甲」，「戊」干隔「己」而不能與「癸」化合成火，「己」干隔「癸」而不能與「甲」化合成土，這只能看成：

「戊、己」土剋日「癸」干，而「癸」緊貼「己」月干，是陰剋陰，其力較大，故「癸」日干水被「己」土所剋而不能生助「甲」木時干也。

日課天干上，有爭合之說，有些不能相合，有些是加強其他化合之原素。舉例如下：

例（七）：

丁 年 ⎤ 同丁干陰火
丁 月 ⎦
壬 日 （月、日丁壬合木）
甲 時 → 陽木

月、日是「丁、壬」干化合木，年干「丁」是加強其火之原素，因兩「丁」緊貼，所以年干「丁」不能與月干「丁」去爭合日干「壬」，只作加強「丁」而合「壬」，不過在化合木後而帶多一點火氣吧了！因此，「丁壬」化木後能生旺「甲」木時干，此日課干支是「木火」氣較重，適合配「木、火」之山命及人命用事。

例（八）：

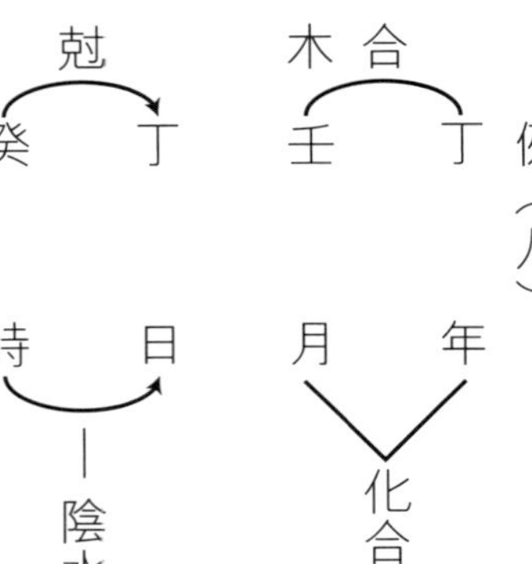

此日課年、日兩「丁」干相夾「壬」月干，因丁壬緊貼，在決定「壬」是否能合那個「丁」干，我們除要看「丁、壬」干之坐下地支之外，還要看何「丁」干較能可合，而時干「癸」水剋「丁」火日干，故日「丁」干受剋，所以「壬」月干只與年「丁」干化合木，而生旺「丁」日干火，故「丁」日干被化合木所生而同時又被「癸」時干所剋，若日課擇乙或甲木時干則能生旺「丁」日干而成木火一氣，配於木、火生年人命甚吉也。時干剋日干稱之為「五不遇」時。

以上日課天干各例，只是論其生、合、剋等關係，擇日是活法，日干可隨自己個人對干支五行深淺之認知而選取，這不同於八字命理，因個人出生之八字是定局，定局不可改，但日課是活的，可靈活性地選擇。

此篇只是專論日課之天干，其餘日課之地支會在下一篇論及，而正五行擇日法是天干及地支均要顧及的。

現筆者繼大師將天干判斷法口訣要點述之如下：

（一）兩干相尅、相合，以位置緊貼之力最大，隔一支較輕，隔兩支則尅、合力幾乎沒有。

（二）兩干是相合、相尅，中隔一干則不能合、尅也，是為「化尅不尅，制尅不尅；合尅不尅」。

（三）兩干相尅，分主尅和受尅之干，如乙己相尅，乙木尅己土而木勝土敗，故乙為主尅，己為受尅，己土雖受尅而敗，而乙木雖勝亦有損傷也。

（四）天干相尅，以四柱中之干支五行最強者為主尅，主尅多必勝，但以擇日法而論，四柱中以順生之五行為佳，避免相尅、相沖也。

（五）天干相尅中，以「陰干尅陰干」及「陽干尅陽干」之尅力最大，「陰干尅陽干」及「陽干尅陰干」之尅力較次，陽干通常不尅陰干而作天干五合論。

（六）年干與月干，日干與時干，緊貼五行之合力最大，若年、月干是丁，日、時干是壬，則是兩干同合，其力最大，其餘各干同論。

（七）若兩干緊貼而爭合，則要看何干受尅而較乏力者不能合，如以上之「例八」，「丁壬丁癸」干是也。

（八）若三干相同，並與另一干作合，則合後而氣有所偏，如三甲一己，則一甲與一己合土，而甲木多於己土，則先合而土氣中有木之偏氣，若三己合一甲，則一己一甲化合成土，而土氣中有己土之偏氣，這差別是：「木多土少土受尅，及土多木少木則浮而不能穩固。」故此日課之選取宜小心選用。

寫一偈曰：

十干五行

生尅化合

取氣純清

生助有情

（廿九）日課地支「化合、三合、三會、生、尅、沖」斷法

繼大師

日課之地支中，有「六合化氣」而成另一五行，有「三合、三會」化氣而成另一五行，亦有「害、穿、刑、沖、尅」等理論，但這只適用於八字批命法上，而「害、穿、刑、尅、沖」中，正五行擇日法只論「尅、沖」而矣。

茲列表如下：

表四十：

地支合會刑沖表

地支三會	地支三合	地支六合	地支六沖	地支相刑
寅卯辰 木	亥卯未 木	子丑合 土	子午沖	寅巳申
巳午未 火	寅午戌 火	寅亥合 木	丑未沖	丑未戌
申酉戌 金	巳酉丑 金	卯戌合 火	寅申沖	子卯
亥子丑 水	申子辰 子	辰酉合 金	卯酉沖	辰辰
辰戌丑未 土雖不會而屬土		巳申合 水	辰戌沖	亥亥
			巳亥沖	午午
				酉酉

日課中之「相刑」，其中「辰、亥、午、酉」相同為自刑，但在日課中，如果有兩個「辰、亥、午、酉」，這只是加強地支五行之力，因此「自刑」不適用於「正五行擇日法」，而「寅巳申」相刑中，「巳、申」是六合化水，「寅、申」又對沖，因此日課只取「巳、申」之六合，不取「寅、申」相沖，所以相刑不適用於日課也，「丑、未、戌」三刑亦同此論，至於「子、卯」地支，本身已是水木相生，故只論其五行而不論其相刑，宜留意也。

三會局

日課地支若是三會格局，若在四支中，其中若有一支相同，均作加強其他三會方之力，不作破局論，例如：

例（一）：

年	月	日	時
寅	卯	辰	寅
寅	卯	辰	卯
寅	卯	辰	辰

日課三會地支，亦可以不順序排列，只要三會三支全則可以，但均不可雜加其他地支。

例如以下三會之純三地支局如下：

時	日	月	年
卯	寅	辰	卯
卯	寅	寅	辰
寅	辰	辰	卯

若日課三會地支有加雜其他地支而是五行相生而三會地支是相連，則是吉的，例如：

時	日	月	年
巳	卯	辰	寅

火←生—木

三會東方木

年、月、日支「寅、卯、辰」，雖不是順排，但仍是三會東方木局，時支「巳」火，是木生火格，火極旺也，況且「寅、卯、辰、巳」四支亦是順排，雖不是三會純局，但五行是相生的，故不忌也。

若日課三會地支有加雜其他地支，又是五行相尅，而三會地支又是相連，則是不吉的，例如：

辰	年
卯	月
寅	日
戌	時

木——尅→土

年、月、日支「寅、卯、辰」三會木，時支「戌」土被三會木所尅，故不取戌時，雖「辰」年支戌三會而不沖戌時，但仍是歲破時也，若取「丑、未」時，亦被三會木所尅而致土絕，若取「辰」時支，則是加強「寅、卯、辰」之辰支也，唯辰時則大吉。

若日課中是三會木局，但有二支是緊貼而相沖的，則作沖論，例如：

時	日	月	年
辰	卯	酉	寅
	沖		
辰	申	寅	卯
	沖		
卯	寅	戌	辰
		沖	
辰	卯	申	寅
		沖	
卯	酉	寅	辰
沖			

若日課中是三會木局，有兩支隔位相沖，但三會地支是相連的，則不作沖論。（但若擇日用事是不取地支相沖的，除非天干是清純一干而地支又是「辰、戌、丑、未」土支，則屬例外）。

茲列表如下：

時	日	月	年
酉	辰	卯	寅
	不沖		
申	卯	寅	辰
	不沖		
戌	寅	辰	卯
	不沖		
申	辰	寅	卯
	不沖		
戌	卯	辰	寅
	不沖		

若日課三會木是相連的，但兩支緊貼而相沖，則三會力大於相沖之力，而相沖之中又以中間一支為重，即「子、午、卯、酉」四支是也。

茲列表如下：

沖力	年	月	日	時		
次	申	寅	辰	卯	不沖	會
為重	酉	卯	辰	寅	不沖	會
為輕	戌	辰	卯	寅	不沖	會
次	申	寅	卯	辰	不沖	會
為重	酉	卯	寅	辰	不沖	會
為輕	戌	辰	寅	卯	不沖	會

在日課之選擇中，三會局之五行氣是最強的，五行中是沒有三會土局的，因「辰、戌、丑、未」土是四季皆有的，而四方（東、南、西、北）亦是存在的，若擇三會局日課，切要留意其三合方之地支方（即是「三煞」方相剋之支），切勿沖犯，如擇「寅、卯、辰」三會木東方之日課，切不可在廿四山之「巳、酉、丑」三支方動土，是洩「巳、酉、丑」金方之氣，因金剋木，「金」所屬三合方剋日課三會木局，雖是「財局」（剋我者為財），但會洩「巳、酉、丑」屬金方之氣，除有帶煞之真龍結穴之方可用財局外（雄龍帶煞），其餘不宜用也。

三合局

日課中有三合局，只有「水、木、金、火」四局而沒有土局，因「水、木、金、火」四局中均有「辰、戌、丑、未」其中一土支，三合局之五行力較遜於三會局之力，但大於「六合、半三合力」，三合是由十二長生中之「長生、帝旺、墓庫」所組成，而半三合局之構成，則一定要有「子、午、卯、酉」四帝旺，即：

火局——「寅、午」，「午、戌」。
木局——「亥、卯」，「卯、未」。
金局——「巳、酉」，「酉、丑」。
水局——「申、子」，「子、辰」。

而「寅、戌」，「巳、丑」，「申、辰」，「亥、未」則不作「三半合」格局論，但若有年、月及日時各兩組支各是三合中之兩支則可以，又有一些日課在某些日課格局上是可以的，例如日課之年、日同支，及月、時同支，稱之為：

「雙飛蝴蝶」格局。

可用作「化三煞」之用，或作「拱格」，如「邀祿、邀貴、邀馬」格局皆可。

例如：

邀格				**邀格**			
時支	日支	月支	年支	時支	日支	月支	年支
戌	寅	寅	戌	戌	寅	戌	寅
邀		午		邀		午	
巳	丑	丑	巳	丑	巳	丑	巳
邀		酉		邀		酉	
申	辰	辰	申	辰	申	辰	申
邀		子		邀		子	
未	亥	亥	未	未	亥	未	亥
邀		卯		邀		卯	
雙飛蝴蝶反格				**雙飛蝴蝶正格**			

年、日及、月、時兩支相同是正格，年、時及日、月兩支相同是反格，兩者功能相同。

三合局日課地支中，以多一字支而不作爭合論，只作加強其三合之力論。例如：

時	日	月	年
未	卯	亥	卯
		加強	
亥	未	卯	未
		加強	
卯	亥	未	亥
		加強	

三合局中，其三支除可重疊一支而成四柱支外，可以不需順序排列，亦可稱為三合局。

三合局之旺支被緊貼逢沖，方可論沖，其最旺之支是帝旺——「子、午、卯、酉」，而長生是：「寅、申、巳、亥」。墓庫是：「辰、戌、丑、未」。若三合局中的子、午、卯、酉支是近貼而逢沖，則沖之力量大於三合局力矣。

茲列表如下：

時	日	月	年	時	日	月	年	時	日	月	年	五行
申	辰	午	子	辰	子	午	申	午	子	申	辰	三合水
		沖			沖			沖				
戌	寅	子	午	寅	午	子	戌	子	午	戌	寅	三合火
		沖			沖			沖				
未	亥	卯	酉	未	酉	卯	亥	酉	卯	亥	未	三合木
		沖			沖			沖				
丑	巳	卯	酉	巳	酉	卯	丑	卯	酉	丑	巳	三合金
		沖			沖			沖				

三合局之墓庫屬土，辰是水庫，戌是火庫，未是木庫，丑是金庫，庫沖之力較弱，若地支三合而相連，其中一支與墓庫近貼而對沖，則不算相沖也，茲列表如下：

時	日	月	年	五行
寅	午	戌	辰	三合火
火		不沖		
申	子	辰	戌	三合水
水		不沖		
酉	巳	丑	未	三合金
金		不沖		
亥	卯	未	丑	三合木
木		不沖		

三合局中，各有其驛馬，即：

「寅、午、戌」火局——驛馬在「申」。

「申、子、辰」水局——驛馬在「寅」。

「巳、酉、丑」金局——驛馬在「亥」。

「亥、卯、未」木局——驛馬在「巳」。

三合局中之「寅、申、巳、亥」支，相沖為沖馬，即：

時	日	月	年	五行
辰	子	申	寅	水局
		沖馬		
申	寅	午	戌	火局
沖馬				
酉	卯	亥	未	木局
沖				
卯	酉	丑	巳	金局
沖				

若日課是半三合局，餘支逢沖，則沖力大於半三合局，茲列如下：

時	日	月	年
寅	子	午	寅
	沖	X	
午	午	戌	辰
	X	沖	
亥	卯	酉	亥
X	沖		
未	酉	卯	未
	沖	X	
巳	卯	酉	巳
	沖	X	
丑	酉	卯	丑
X	沖		
子	子	申	寅
	X	沖	
辰	午	子	辰
	沖	X	

六沖

十二地支中相對之方是相沖，分為六組，故謂之「六沖」，即：

「子午、丑未、寅申、卯酉、辰戌、巳亥」互沖。

六沖之力，僅次於三合局之力，沖則散，且兩敗俱傷，在六沖之中，以剋沖之力最重，以同五行之沖較弱，即：

剋沖
- 子水剋沖午火
- 亥水剋沖巳火
- 酉金剋沖卯木
- 申金剋沖寅木

同五行之沖
- 丑土與未土互沖
- 辰土與戌土互沖

以十二長生而論，六沖之輕重如下：

四正氣之沖最重──子、午、卯、酉。
四長生之沖次重──寅、申、巳、亥。
四墓庫之沖最輕──辰、戌、丑、未。

六沖之中，以近貼之支沖力最大，隔一支之沖力次之，遙隔之六沖力較輕，又以多支沖少支為重，如三「子」沖一「午」，「午」支已絕，若三「午」沖一「子」，雖「子水」尅「午火」，「子」亦亡矣，皆因人多勢眾之故。

日課之中，若年、月及日、時各兩支是半三合局，而其中兩組中各有一支相沖，這不算是沖，如「寅」年，「戌」月，「辰」日，「子」時，這不作相沖論。但不論近貼之沖支，只論其沖之輕重，墓庫「戌、辰」支之沖力輕，「辰」日「子」時半三合水局，而「寅」年「戌」月雖不算半三合局，但若在年、月及日、時兩組支中近貼出現，亦可作半三合局論，而三合局中，其合力之輕重是：

最重──全三合地支局。
次重──半三合局，局中有「子、午、卯、酉」其中一支。
最輕──半三合局，局中沒有「子、午、卯、酉」其中一支。
若半三合局逢沖則不能作半三合局論，因半三合局之力微於沖力。

六合

地支六合之力，有説大於地支六沖之力，一説六沖力大於六合力，這必須視乎日課四柱中之勢力而定，其原則是：

地支六合二支以緊貼為最有力，隔一支之力次支，遙隔之力最輕微，隔一支或遙隔之六合則不能合也，六沖之原理亦如是。

年、月與日、時之地支作六合是非常堅固的，即：

時	日	月	年	時	日	月	年
申	巳	未	午	亥	寅	丑	子
合		合		合		合	
辰	酉	未	午	戌	卯	丑	子
合		合		合		合	
戌	卯	未	午	辰	酉	丑	子
合		合		合		合	
辰	酉	申	巳	戌	卯	亥	寅
合		合		合		合	
戌	卯	申	巳	辰	酉	亥	寅
合		合		合		合	

以上六合組合之中，其中有兩組合是牽涉三會格局的，即是：

年支	月支	日支	時支
子	丑	亥	寅
合土		合木	
午	未	巳	申
合日,月		合水	
子	丑	亥	寅
三會水			
午	未	巳	申
三會火			

這「子丑亥寅」及「午未巳申」，由於三會方之力大於六合之力，故應以作三會局也，而選擇日課時，應盡量避免選取這些尷尬之日課，或將上述日課地支略作修改，可變成：

年支	月支	日支	時支
子	丑	寅	亥
合土		合木	
午	未	申	巳
合日,月		合水	

這樣就成了「子丑合土，寅亥合木」及「午未合日月，巳申合水」。

若年、月及日、時地支成六合，因其力較大而合力亦重，若月、日支是六沖，這亦算六合，在此種情況下，可作兩組六合計算，即如：

年支		月支		日支		時支
子	合	丑		午	合	未
寅	合	亥		申	合	巳
卯	合	戌		酉	合	辰
未	合	午		丑	合	子
巳	合	申		亥	合	寅
辰	合	酉		戌	合	卯

若月、日兩支是六沖，年、月及日、時兩組地支組成六合，則作六合而不作六沖論，月、日支雖緊貼亦不作六沖論，即如：

年支		月支		日支		時支
丑	合	子	不沖	午	合	未
亥	合	寅	不沖	申	合	巳
戌	合	卯	不沖	酉	合	辰
子	合	丑	不沖	未	合	午
寅	合	亥	不沖	巳	合	申
卯	合	戌	不沖	辰	合	酉

以上六合之例，並不構成六沖，故有「六合可解六沖」之說，因在年、月及日、時產生地支六合之力量大也。

若年、日及月、時成六合，則不作六合論，即是隔支六合而不能合，即如：

時支	日支	月支	年支	
戌	子	卯	丑	不合
酉	亥	辰	寅	不合
申	戌	巳	卯	不合
子	酉	丑	辰	不合
申	卯	巳	戌	不合
酉	申	辰	巳	不合

若年、日及月、時成六合而月、日是六沖，這不只不構成六合，且成六沖之格局，如：

時支	日支	月支	年支	
午	丑	未	子	沖
申	亥	巳	寅	沖
辰	卯	酉	戌	沖
戌	酉	卯	辰	沖
寅	巳	亥	申	沖
丑	午	子	未	沖

若年、月及日、時兩組地支成六沖，月、日兩支是六合，這亦作六沖而不作六合論，即如：

時支	日支	月支	年支
丑	未	午	子
沖	不合	沖	
亥	巳	申	寅
沖	不合	沖	
戌	辰	酉	卯
沖	不合	沖	

若月、日地支六沖，日課可擇與日支成六合之時，可解六沖，因日、時兩支及年、月所合之力較大，即如：

時支	日支	月支	年支
子	丑	未	子
六合	解	沖	
寅	亥	巳	寅
六合	解	沖	
戌	卯	酉	戌
六合	解	沖	

換句話說，年、月之六合亦可解月、日之六沖，即如：

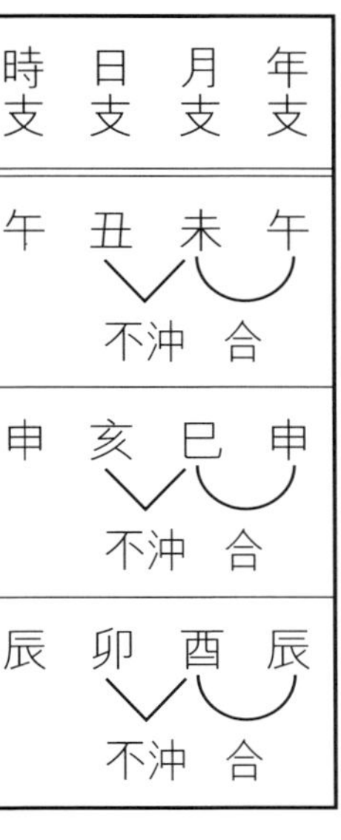

年支	月支	日支	時支	
午	未	丑	午	合　不沖
申	巳	亥	申	合　不沖
辰	酉	卯	辰	合　不沖

若日課年、月地支是六沖，可用三會局化解六沖，即如：

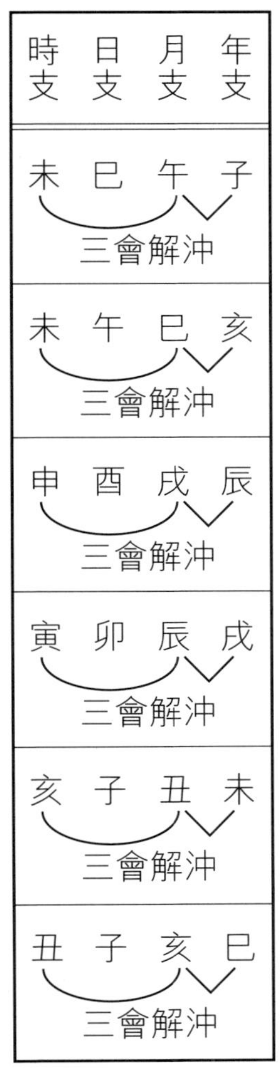

年支	月支	日支	時支	
子	午	巳	未	三會解沖
亥	巳	午	未	三會解沖
辰	戌	酉	申	三會解沖
戌	辰	卯	寅	三會解沖
未	丑	子	亥	三會解沖
巳	亥	子	丑	三會解沖

這些日課，是適用於在破月（月支沖年支）內使用，是沒辦法之中而用三會局去化解月破也，其次可用三合局化解六沖，以不犯「子、午、卯、酉」四旺支為原則，但在必要時，若犯上四正六沖，姑且可使用三合去化解六沖，這是沒有辦法中之權宜之法也。

但事實上，「正五行擇日法」中，以避開破日、破月、破時為妙，以達到祥和之效果；但亦有一些人專取破日動土、動工，其實，「破」（即六沖地支）已有一種破壞之意在其中，「破日」一定是六沖日，但六沖日未必是「破日」，而破日所帶來的，是「散、沖、離開、分開」等意思，故擇日不宜取用也。

寫一偈曰：

五行得助
日課祥和
破沖便散
合化則可

（卅）日課天干地支綜合斷法

繼大師

在日課選取上，干支的沖合是非常複雜的，天干有六合，地支有三會、三合、六合等，其中亦有化合前及化合後之五行屬性，若然是同一五行氣的話，這固然沒問題，但若五行中互有沖尅化合，則較難取捨其化合也。

化合局（天干五合、地支六合）

以下有五個日課，分別是「金、木、水、火、土」之六合化合五行，由於月之干支以年干支定，而時之干支又以日干支定出，故有不少之限制，能夠有純五行之日課很少，例如：

日課五行	陽曆日期	年	月	日	時	干支合化
純金局	2005 年5月1日 辰時	乙酉	庚辰	乙酉	庚辰	年月：金；日時：金
純木局	2007 年2月22日 寅時	丁亥	壬寅	丁亥	壬寅	年月：木；日時：木
純火局	2063 年6月24日 午時	癸未	戊午	癸未	戊午	合火，合日・月
純水局	2061年8月31日 申時	辛巳	丙申	辛巳	丙申	年月：水；日時：水
純土局	2070年1月24日 早子時	己丑	丙子	己丑	丙子	年月：土；日時：土

在純火局中，天干「戊、癸」合化火，地支「午、未」雖化日、月，但其本氣屬火「南方」，故日課是純火局也。

在純火局日課中，除「丙、己」沒有化合外，其餘干支之「甲、己」及「子、丑」均化合成土，而「丙月」干火是生「己年」干土及化合土的，故亦算火土一氣，而土氣最盛也，其實「年、月」干是沒有可能天干及地支同時化合土的，只有地支能合土，因為己年是起丙寅月，到子月就是「丙子」月，故不可能是甲子月的，所以在純土局中，就是欠這一點，但丙月干火生土，其土氣盛，故此日課是最接近全土局的了。

化而不合局（天干五合）

日課中有天干化合而又受地支之五行所尅，故是欲合而不能合成。

例如日課在陽曆二零二六年四月二日早上六時，日課四柱是：

丙午　年
辛卯　月
丙午　日
辛卯　時

日課「年、月」與「日、時」相同，天干「丙辛」相合，但午支被卯支木生助而午火旺，故「丙辛」干若能合則尅午火，若說「丙辛」不能合，則丙午是純火，丙干是火，午支亦是火，是同五行氣。卯月是春天而木旺生助午火年支，故此日課於合不合之間，是一尷尬日課也。

若日課擇於陽曆二零二八年九月九日上午四時正，其日課四柱是：

戊申　年
辛酉　月
丁酉　日
壬寅　時

以日課之五行而論，戊屬土，「辛、酉、申」屬金，土能生金，故金大旺於年、月干支上，月干丁火緊貼時干壬，「丁、壬」可合化木，但日支酉金剋寅時木支，論日課之勢，是土金強而木弱，若「丁壬」能化合木，也被「辛、酉、申」之眾金所剋，而天干化合之原則是地支之五行不能剋天干化合後之五行，故此：

「丁日干不能與壬時干化合成木」。

此日課是很清晰而明顯不能化合，故擇日宜熟記五行之變化也。

日課六合及三會化合局（天干五合、地支三會）

日課中，有一些是天干成五合，地支成三會局，其五行氣相同，故此其相合堅固，雖然其天干並非全合，但至少亦有一個六合，地支則是三會。

茲列例表如下：

時 日 月 年 干支	陽曆 日期	日課 五行
乙 庚 己 壬 酉 申 酉 戌 三會	2042 年9月19日 酉時	金局
壬 丁 戊 甲 寅 卯 辰 辰 三會	2024 年5月3日 寅時	木局
庚 丙 辛 辛 子 子 丑 亥 三會	2032 年1月31日 夜子時 2330 hrs	水局
丙 丁 戊 癸 午 未 午 巳 三會	2013年6月10日 午時	火局

日課天干地支，其化合甚多，但若地支成三合局，則天干便不能成五合，因天干五行是一陰一陽，而地支三合是全陽或全陰。有些情形天干成五合，但其坐下地支有相尅則不能合也，如日課取陽曆二零五五年一月廿六日酉時日課四柱是：

甲戌　年
丁丑　月
壬申　日
己酉　時

月干「丁」本與日干「壬」成五合化木，但日支申，時支酉，金旺而尅木，故「丁壬」不化合木，但若取於「巳時」，則日課之五行截然不同，這是筆者恩師呂克明先生心傳之口訣也，而日課四柱變成：

甲戌　年
丁丑　月（木）
壬申　日
乙巳　時（水）

這日課之日、時兩支「申、巳」合化水，使「壬日」之坐下「申支」因化合而改變，使不尅「丁壬」木，不單只不尅「丁壬」木，相反因「申」合「巳」成水而生旺「丁壬」化合之木，這就是用時法之一，其他地支之用法，均可以化合去轉化所需要之五行，其他擇日取干支之法，皆可如此類推。

故此正五行擇日法，先以五行為主，以生旺為吉，以尅沖為凶，其他化合，其千變萬化，但若知其五行屬性之變化，即可活用，這必須得明師心傳口授也。

寫一偈曰：

五行日課
干支變化
活用能懂
慧力光華

（卅二）日課用法例子——結婚、修造日課

繼大師

當還未擇取日課時，擇日者手上應該持有萬年曆一冊、通勝一本及擇日用事者之資料。

例子（一）：

有一對男女結婚，想在二零一三年內舉行婚禮，其應有的資料如下：

男家資料如下：

男父生年——己丑年（一九四九年）

男母生年——壬辰年（一九五二年）

男方生於陽曆一九八四年三月十二日早上八時正，四柱八字為：

甲子　年

丁卯　月

乙巳　日

庚辰　時

男方命宮——甲戌（可查表）

男方胎元——戊午（生月天干進一位，地支進三位）

女家資料如下：
女父生年——庚寅（一九五零年）
女母生年——癸巳（一九五三年）

女方生於陽曆一九八五年七月二日早上十時正，四柱八字為：

乙丑　年
壬午　月
壬寅　日
乙巳　時

女方命宮——壬午（可查表）
女方胎元——癸酉（生月天干進一位，地支進三位）

以上所有資料中，日課不可取與以下干支相沖之日課，即：

男年命「甲子」——不可取「庚午、壬午、甲午」之干支，其次是「丙午、戊午」干支。

男胎元「戊午」——不可取「甲子、丙子、戊子」之干支。

干支。

男父「己丑」——不可取「乙未、丁未、己未」之干支，其次是「辛未、癸未」干支。

男母「壬辰」——不可取「戊戌、丙戌、壬戌」之干支，其次是「甲戌、庚戌」干支。

女年命「乙丑」——不可取「辛未、乙未、己未」之干支，其次是「丁未、癸未」干支。

女胎元「癸酉」——不可取「丁卯、己卯、癸卯」之干支，其次是「乙卯、辛卯」干支。

女父「庚寅」——不可取「壬申、丙申、庚申」之干支，其次是「甲申、戊申」干支。

女母「癸巳」——不可取「丁亥、己亥、癸亥」之干支，其次是「乙亥、辛亥」干支。

以上之取日課原理，是日課四柱不可有與「男方女方之生年、命宮、胎元」及「男女雙方父母之生年」相沖之干支出現。

現筆者繼大師擇取陽曆二零一三年九月八日，早上十時出門，下午五時後在酒樓恭候入席，其日課四柱是：

癸巳　年
辛酉　月
丁丑　日
乙巳　時出門　「己酉」時在酒樓恭候入席

其日課原理除不沖尅男女雙方及其父母外，還要在五行氣上有生助之力，日課中，以地支三合局較易取，故以地支「巳、酉、丑」三合金局生旺男命「甲子」干支，甲木干力輕，「子」支水力重，故取地支三合金局生旺子水，甲命雖屬木，不合金局，但日課「癸」年干水生甲木，「乙」時干同木氣，故不忌。

其次，女方「乙丑」年命，日課「癸」水年干生「乙」木人命，及「乙」時木干同氣，地支「丑」日旺「乙丑」命，「巳、酉、丑」支與女丑命成三合金局，故大吉也。忌「亥、卯、未」年生人用事。

舉例（二）：

有祭主生人，生於一九四七年「丁亥」年命用事，修造陽居巽山乾向（坐東南方），或新居入伙是巽山乾向，或葬先人於坐巽山之墳穴，日課取陽曆二零一五年三月十二日下午二時正，其日課四柱是：

乙未　年
己卯　月
丁亥　日
丁未　時

丁亥——人命
巽山——山命

查二零一五年乙未年，其凶神方是：

五黃在西方「庚、酉、辛」三山。

三煞在西方「庚、酉、辛」三山，歲煞在「戌山」，劫煞在「申山」。

歲破方在「丑山」。

戊己都天煞在「寅、卯、子、丑」四山，都天夾煞在「甲、癸」二山。

當一切凶神資料掌握清楚後，便可選取日課用事了。

日課地支「亥、卯、未」三合木局，取未時用事，木旺，而巽方亦屬木，是同旺木局，祭主「丁亥」年命，與日之干支相同，是同一干支氣也，故三者相配大吉，此日課可扶坐山，可助祭主，能「扶山相主」也。取之大吉。其餘之日課取法，皆如此類推，雖日課格局未必盡同，但記著：

「以日課之五行氣去生助或同旺坐山及祭主為首要，更可取日課之天乙貴人祿馬等吉神相照為助力，不要犯上以上例二之煞方凶神便可。」

寫一偈曰：

日課選取
吉神相隨
得五行氣
用事大利

後記

繼大師

此《正五行擇日精義初階》內所載的，全是十天干及十二地支之五行生尅合沖原理、吉神凶神之觀念、日課四柱排法、貴人祿馬、廿四山等基本理論，是擇日法之基本組合，當熟習基本方法後，再去研習擇日格局，所以日課格局會在：

《正五行擇精義中階》一冊內論述。

讀者宜按步就班地學習，當通達後，在運用上最好請教高明，格局是固定的，當熟習固定的格局後，再將其變化活用，配合祭主、坐山等干支五行，則擇日法之目的：

《扶山相主》已達成矣，寫一偈曰：

擇日日法
五行不惑
格局變化
知者能達